ŒUVRES

DE MONSIEUR

LINGUET.

TOME TROISIEME.

THÉORIE

DES
LOIX CIVILES.

NOUVELLE ÉDITION,
Revue, corrigée & augmentée.

ERUDIMINI QUI JUDICATIS.
Pſalm.

TOME PREMIER.

A LONDRES,

M. DCC. LXXIV.

DISCOURS

PRÉLIMINAIRE.

IL est d'usage parmi les *juris-consultes* de distinguer différentes especes de *droits*. La plus importante , celle dont les rapports sont les plus étendus, celle qui est vraiment la base de tous les autres , se nomme parmi eux *droit civil.*

Ils entendent par là les dispositions faites pour régler le sort des particuliers qui com-

Tome I.   A

poſent un *état* ; pour défendre leurs fortunes , ainſi que leurs perſonnes , contre l'injuſtice & contre la violence, & pour mettre à ces dernieres un frein redoutable par l'exécution des peines prononcées contre elles.

Ce *droit* n'a pour objet en apparence que les relations des citoyens entr'eux. Il fixe la maniere d'acquérir la propriété des biens, & de les recueillir, ou de les tranſmettre à des ſucceſſeurs. Il met des condi- tions à la naiſſance des hommes; il leur impoſe , ſouvent même avant qu'ils ſoient nés , des marques d'honneur ou de flétriſſure ; il attache des peines au crime, ſans aſſigner de récompenſes à la vertu. Il maintient l'ordre, quelquefois par des moyens violents, & plus ſouvent par des précautions paiſibles. C'eſt ſur la néceſſité de le faire obſerver, qu'eſt établi le pouvoir accordé à la *magiſtrature*.

Il eſt preſque inconnu chez les peuples que nous appellons *Sauvages*. Ce n'eſt pas qu'ils ſoient plus vertueux ou moins querelleurs que d'autres ; mais leur groſſiéreté les empêche de découvrir les moyens propres à affermir des loix qui ne ſeroient foutenues que par l'opinion qu'on auroit de leur équité. Une indépendance brutale, ou un efclavage aviliffant les en éloigne également. Ce défaut leur eft moins à charge par le peu d'étendue de leurs poffef-fions : la médiocrité, non pas de leurs defirs, mais de ce qui peut les exciter, fait qu'ils fe paffent fans beaucoup de peine d'un *droit civil*.

Chez les *nations* policées de l'Europe, il regne avec d'autant plus d'éclat & d'appareil qu'elles font plus voifines de leur décadence. Il s'y produit avec un long cortege de livres

& d'officiers de toute espece.
Il y déploie l'attirail de la
jurisprudence, & la pompe de
la *magistrature*; mais il y cause
aussi une guerre sourde, qui
se nourrit par les efforts mêmes
qu'on fait pour la terminer.

Les procès y sont de vraies
batailles où l'on se choque avec
fureur. Rien ne ressemble tant
aux stratagêmes guerriers que
la chicane & ses ruses. Les
bas-officiers qui ne s'enrichissent
que par elle, ont l'effronterie
& la rapacité des *partisans*.
Les *praticiens* se présentent
comme des auxiliaires prêts à
se louer indifféremment à celui

des deux partis qui veut de leur service. Les *loix* font les armes qu'on emploie de part & d'autre pour fe charger, & la *juftice* fur fon tribunal, eft la divinité, qui, comme le *Jupiter* d'*Homere*, pefe & regle avec fa balance la deftinée des combattants.

Dans ces querelles acharnées on ne verfe point de fang, à la vérité ; on n'y fait couler que l'encre, les injures & l'argent. Cependant les fuites en font prefque toujours auffi fatales que celles de ces exploits glorieux & cruels qui élevent les conquérants fur des trophées

d'offemens humains. Les vainqueurs & les vaincus y perdent
également, par les abus trop
multipliés dans cette partie importante de l'adminiftration.
Leurs dépouilles reftent entre
les mains des gens de loi,
comme après une mêlée fan-
glante, les habits des foldats
maffacrés appartiennent à ceux
qui les ont tués.

Quand fe trouvera-t-il dans
notre *Europe* un génie affez
intrépide, pour vifiter en détail
ce champ de bataille redoutable, & ne craindre pas de s'engager parmi les débris dont il
eft jonché ? Quand naîtra-t-il,

un artifte affez intelligent pour retremper les armes dont on s'y fert, ou un chirurgien affez habile pour traiter avec fuccès les bleffures qui en réfultent? Quand viendra-t-il au moins un obfervateur affez ami des hommes & de leur repos, pour examiner s'il ne feroit pas poffible & permis, foit d'en émouffer le tranchant, foit d'en rectifier l'ufage?

Ce qui les rend plus terribles, c'eft leur multitude, & leur prodigieufe variété. On eft à chaque inftant embarraffé pour en parer les coups, parce qu'on n'en connoît, ni le nombre, ni la nature. Elles font dispersées sans ordre dans de vastes arsenaux, connus sous le nom de compilations, de commentaires, où il faut les aller chercher à tâtons. Il n'est pas plus permis d'y porter de la lumiere que dans nos magasins à poudre; & peut-être le soin que l'on prend de les en garantir est-il fort sage : la moindre étincelle qui pourroit y pénétrer, feroit sauter en l'air tout l'édifice.

Ce feroit pourtant bien mériter de la nature humaine, que de lui procurer cet heureux accident. Il ne feroit peut-être pas si difficile qu'on le croit,

d'y parvenir avec peu de fracas ; & il feroit certainement
plus néceffaire qu'on ne le
penfe, de l'entreprendre.

La coutume, l'habitude, je
le fais, veillent foigneufement
à la défenfe de ces bâtiments
meurtriers. Mais feroit-il donc
impoffible d'écarter ou d'en-
chaîner ces fentinelles intraita-
bles ? Il ne faudroit pour cela
que ceffer de refpecter des ufages beaucoup plus abfurdes
qu'anciens ; il ne faudroit que
fe réfoudre dans des temps de
calme à avoir, pour les confeils
de la raifon, autant d'égards
feulement que l'on en a eu

pour les ordres impérieux de la barbarie, dans des temps pleins de troubles & d'orages.

Il y a des esprits, que le nom seul de réforme intimide. Ils ne sauroient l'entendre prononcer sans frémir. Il est toujours dangereux, disent-ils, de toucher à la constitution d'un état. On risque d'ébranler ses fondements en les mettant au jour, même pour les réparer. Il vaut mieux souffrir des abus aussi anciens que l'édifice, & ne pas hasarder cette opération indiscrette.

Oui sans doute ce raisonnement pourroit être juste, si

de toutes parts on n'avoit pas élevé des édifices immenses fur des fondements d'une médiocre étendue ; fi les murailles léfar-dées, ouvertes de tout côté, n'avoient pas perdu de leur aplomb ; fi enfin la totalité du bâtiment, pliant fous le poids excessif dont il est chargé, ne menaçoit d'une ruine entiere, pour peu qu'on tardât à le reprendre fous-œuvre.

Mais de tous les *empires* qui existent aujourd'hui dans le monde, aucun, excepté peut-être la *Suisse*, n'a fu jusqu'à préfent fe contenir dans les bornes où il étoit né. Tous veulent croître & grandir, en avançant en âge : tous font jaloux, ainfi que les hommes, de parvenir à occuper un peu plus d'efpace fur la terre. Les adminiftrateurs d'un petit pays font dévorés par la vanité d'en reculer les limites, comme un enfant par celle d'avoir cinq pieds fix pouces de haut. C'eft là l'efprit de tous les gouvernements, fi l'on en excepte, comme je l'ai dit, la ligue des treize cantons. Mais elle eft encore fi voifine de fa naiffance, que fon exemple ne fait point une exception au principe général.

En *Asie* du moins, cette manie ne nuit pas à la législation, parce qu'elle ne s'y dénature point par des victoires. Les *empires* y sont une espece de géants privilégiés, qui ont dès leur premier moment toute la grandeur qu'ils peuvent espérer. S'ils croissent, ou s'ils diminuent par la suite, leurs progrès & leurs pertes sont insensibles. Ils n'ont, dans toute la durée de leur existence, que deux jours d'agitation, celui de la naissance, & celui de la mort : ce sont deux époques rapides, qui, en anéantissant l'ancien, conferent au nouveau toute la vigueur qu'avoit celui qu'il remplace. La facilité, la totalité des conquêtes, y préfervent les loix de toute altération.

C'eft une obfervation finguliere, & qui a fon prix, que, dans cette partie du monde, les limites de tous les *empires* qui la partagent encore aujourd'hui, femblent y avoir été pofées par la nature, & refpectées de tout temps par la politique. Les *Perfans* de nos jours occupent, à peu près, les mêmes terreins que les *Parthes* avoient fu défendre contre l'ufurpation des *aigles Romaines ;* & les *Parthes*, héritiers des mœurs des anciens *Per-*

ses, en avoient auffi recueilli la domination. Le *Turc* poffede ce qui avoit été le partage des *Romains* en *Afie*, & les *Romains* y avoient envahi l'*empire* des *rois* de *Syrie*. Le *Mogol*, le *Tien-t-Sée* de la *Chine*, le *Cubofama* du *Japon*, n'ont été troublés que par des calamités momentanées dans la jouiffance des états attachés de temps immémorial à leur couronne.

Tel eft dans ces contrées, où le genre humain a reçu la naiffance, la force de l'habitude & le prix de la fidélité à fuivre la plus ancienne, comme la plus paifible de toutes les légiflations, que les révolutions mêmes qui ébranlent les trônes, n'influent point sur la destinée des *empires*. Ou le vainqueur investi de toutes les possessions de la *dynastie* qu'il a renversée, reçoit les loix telles qu'elles sont sans y faire de changement, ou le vaincu se soumet sans résistance à celles qu'on lui a portées de dehors : & au fond elles sont si peu différentes, que dans un cas comme dans l'autre, le changement est imperceptible.

Issues d'une tige commune, elles remontent, par une filiation non interrompue, jusqu'aux fondateurs des institutions sociales. C'eſt dans cette origine reſpectable qu'elles ont puiſé la force & la ſolidité qui les préſervent de toute altération chez des peuples qu'un climat plus heureux, une température plus égale, préferve de l'inconſtance qui nous tourmente.

Il n'en eſt pas de même, à beaucoup près, dans la partie du monde que nous habitons. A peine débarraſſés d'hier des brouillards qui l'ont ſi long-temps glacée, des forêts qui la furchargeoient, des marais qui la rendoient impraticable, elle ne porte que des hommes, des uſages & des empires nouveaux.

Tout y fort du chaos ; tout y varie fans ceffe. Le chef-d'œuvre de la politique depuis deux fiecles, & fon unique objet, a été de fufpendre cette inftabilité perpétuelle qui ne permettoit à aucune des parties de prendre de la confiftance.

Et quel a été le fruit de tant de négociations, de tant d'efforts, de tant de talents prodigués ? Des paix fans ceffe jurées & fans ceffe rompues ; de miférables conquêtes arrofées en dix ans de plus de fang que toutes les guerres de l'Afie n'en ont fait couler en trente fiecles ; la dépravation abfolue des refforts du gouvernement, & l'oubli entier du respect dû, tant aux propriétés qu'au nom d'*homme*.

Suivez-y, je vous supplie, la marche de la *législation*.

Tous les états y commencent par être foibles. Ils chancellent long-temps autour de leurs berceaux, en attendant qu'ils aient affez de force pour les abandonner. Jufque-là les loix qui les conduifent font telles que le comporte leur foibleffe, &, pour ainfi dire, leur enfance. Elles fe reffentent de l'inconféquence & de la frivolité de cet âge.

Ce font des idées fans liaifon, des caprices fans fuite, des imitations grotefques. Ils adoptent de tout côté ce qu'ils voient, ou ce qu'ils entendent, fans en examiner la juftefſe, ni la convenance. Tout ce qui fe préſente avec le nom de *loix* leur paroît merveilleux, & fe tranfcrit fur le champ pour leur ufage, dans ces compilations énormes, qui font à la fois le triomphe de l'érudition, & la marotte de l'ignorance.

Cependant peu à peu leurs corps fe développent; ils acquierent une jufte étendue : ils s'accroiffent par la politique, ou par la guerre : ils grandiffent comme les enfants dont ils font l'image, à la fuite des maladies qui les tourmentent : ils fe fortifient tous les jours par de nouvelles acquifitions. Ce feroit là le moment de retoucher aux loix, & de les proportionner à l'augmentation de l'*état* qu'elles vont déformais diriger.

C'eft ce qu'on ne fait point. Les anciens réglements fe foutiennent ; ils s'incorporent avec la nouvelle adminiftration : l'habitude où l'on eft de les refpecter, empêche qu'on ofe y porter la main. On prétend conduire de grands royaumes de la même façon que fe gouvernoient les petites provinces dont ils font compofés.

Si l'on croit de temps en temps devoir faire à leurs *loix* quelques additions, on les fabrique toujours fur le plan des premieres, dont on n'ofe s'écarter, & qu'on laiffe fubfifter toutes enfemble. On croit faire affez que de leur donner une efpece d'authenticité, en les réuniffant dans des recueils auffi immenfes que difparates.

C'eft comme fi l'on armoit des grenadiers avec des hochets ; comme fi l'on vouloit fe couvrir à trente ans des robes dont on fe fervoit à quatre, ou fe faire, dans un âge avancé, un feul habit de tous ceux que l'on a portés depuis sa naissance. On ne commet point ces sortes d'absurdités dans la vie ordinaire. Les politiques ont cru cependant pouvoir se les permettre dans la législation civile.

Vous voyez tous nos empires conserver avec soin les habillements de leur bas âge. A mesure qu'ils se fortifient, ils continuent de s'en envelopper. Seulement dans les occasions pressantes, ils y joignent quelques pieces, afin de leur donner assez d'étendue pour cacher leur nudité.

On les rajuste, on les recoud ensemble comme on le peut. Les commentateurs viennent enfuite

enfuite porter des regards cu-
rieux fur tous les morceaux de
cette parure ridicule. Ils s'énor-
gueilliffent quand ils font parvenus à en diftinguer les cou-
leurs, à en rapprocher les cou-
tures; & c'eft à cet affortiment
bizarre, à ces amas de lambeaux
dégoûtants, qu'ils donnent fans
rougir le nom de *traités de jurif-
prudence.*

Tels font, fans exagération,
les monuments élevés à la juftice
par tous les peuples de l'*Europe.*
Les *Italiens* n'ont, à cet égard,
aucun avantage fur les *François.*
Les *Efpagnols* admettent autant d'abfurdités que les *Alle-*

Tome I. B

mands. Tous confervent fcrupu-leufement les leçons qu'ils ont reçues de leurs peres. Ils en ont perdu la fimplicité, la franchife, le défintéreffement. En abandonnant ces vertus par lefquelles feules nos ancêtres étoient eftimables, leur poftérité adopte & confacre des réglements barbares qu'ils nous ont tranfmis.

Voilà ce que nous donne pour nous autres *François* feuls, dans la petite étendue de notre domination, trois cents foixante *coutumes* différentes, & davantage; toutes écrites, toutes longuement commentées, fans compter les *ufages* particuliers qui y dérogent, les *procès-verbaux* de rédaction qui les expliquent, les *loix Romaines* qui les combattent, les *édits* qui les modifient, les *ordonnances* qui les redreſſent, & enfin, les *arrêts* qui les interpretent.

· Voilà pourquoi dans le *droit civil* & dans le *droit canon*, dans la juriſprudence eccléſiaſtique & ſéculiere, tout eſt plein de contradictions & d'obſcurités déſeſpérantes. Voilà pourquoi les aſtronomes ont plutôt calculé avec certitude des diſtances de pluſieurs millions de lieues dans le ciel, qu'on n'a adjugé au haſard la poſſeſſion d'un demi-arpent fur la terre. Voilà enfin pourquoi le métier de jurifconfulte eft un des plus fatigants qu'il y ait au monde, & celui de juge un des plus dégoûtants, peut-être même un des plus propres à occafioner des remords.

La bonne intention, en effet, ne fuffit pas pour excufer un magiftrat, quand il commet une injuftice, même fans le favoir. Il faudroit, pour qu'il n'eût rien à fe reprocher, que fon erreur fût telle qu'il ne lui eût pas été poffible de s'en garantir. Il faudroit qu'il fe fût procuré tous les fecours capables de le guider, & que s'il s'est trompé, on pût en accuser, non pas sa négligence à chercher la lumiere, mais la foiblesse humaine, qui ne permet pas toujours de la distinguer. Il faut au moins qu'il ait donné tous ses soins pour la trouver, & qu'il n'ait oublié de consulter aucune des sources d'où elle peut partir.

Dans l'état où est notre jurisprudence, cette étude profonde & réfléchie est-elle praticable, je ne dis pas seulement au jurisconsulte qui instruit les affaires, mais même au magistrat qui les décide ?

Je suppose qu'avec un travail immense, après des efforts assidus, il puisse parvenir dans sa vieillesse à apporter sur les fleurs-de-lys assez de connoissances pour être en droit de s'y asseoir sans inquiétude, faut-il donc laisser dépendre d'une constance si peu commune, d'une résolution si extraordinaire, d'un courage si rare, le bon ordre & l'équité dans une opération journaliere ? Pour avoir de bons artistes n'est-il pas plus sûr de faciliter l'art, que d'en multiplier les difficultés, dans l'attente des génies supérieurs qui les vaincront ?

Cette confidération feule n'établit-elle pas invinciblement la néceffité de corriger quelquefois, par de nouvelles inftitutions, ce que les anciennes peuvent avoir de défectueux ?

S'il falloit, pour fortifier ce principe, quelque chofe de plus que l'appui de la raifon, on auroit l'exemple de tous les hommes à qui de grands fuccès ont acquis une place diftinguée dans ces regiftres des malheurs de l'humanité, que l'on appelle des hiftoires. Il n'y en a pas un qui après avoir troublé la terre par ambition, ne fe foit cru obligé de réparer ces crimes que la politique pardonne, en donnant ſes ſoins à la réforme de la légiſlation. Tous ont regardé comme un devoir indiſpenſable la néceſſité de travailler à l'édifice des *loix civiles* dans leurs conquêtes.

On pourroit, il eſt vrai, les ſoupçonner d'avoir alors ſuivi leur intérêt plutôt que leur devoir, & de s'être occupés à établir l'ordre qui leur convenoit, plutôt que celui que demandoit une juſtice éclairée. On ſeroit excuſable de ſe défier de leurs lumieres ſur l'article de la légiſlation. Des hommes féroces qui devoient à la fortune au moins autant qu'à leurs talents, peuvent ne pas paroître des guides infaillibles dans une matiere où l'efprit doit agir encore plus que le bras.

Mais fi la plupart étoient par eux-mêmes incapables de ces fonctions délicates, on ne fauroit avoir la même défiance des confeils qu'ils fe donnoient après la victoire. La néceffité les obligeoit d'y admettre des efprits modérés & fages. C'eft à eux qu'il faut attribuer ce qui fe trouve de louable dans les difpofitions publiées au nom de leurs maîtres.

D'ailleurs nous ne cherchons

pas de quelle maniere a pu être exercé ce droit de fupprimer ou d'établir des *loix*, mais s'il a été exercé fans inconvénient. Nous n'examinons pas fi l'on en a fait un ufage toujours avantageux, mais fi cet ufage a jamais eu des fuites funef-tes.

Or, puifqu'il eft prouvé que les légiflateurs dans tous les temps ont cru qu'il étoit né-ceffaire de procéder à des ré-formes ; puifqu'ils ont agi en conféquence, & qu'ils fe font permis d'ajouter ou de retran-cher aux établiffements de leurs prédéceffeurs ; puifqu'eux &

leurs états s'en font bien trouvés, pourquoi vouloir ôter le même privilege à ceux qui les ont remplacés ? Si un confeil fage du fixieme fiecle a pu révoquer ce qu'avoit ordonné un confeil fage du troifieme, on peut fans doute dans les fuivants, fans manquer à la fageffe, ni à la prudence, réformer les réglements des uns & des autres.

Au refte il ne faut pas fe méprendre dans le choix des objets fufceptibles de cette correction utile. Réformer, c'eft quelquefois beaucoup moins faire de loix nouvelles que reffufciter les anciennes. Un très - grand homme, dont le nom eſt flétri aujourd'hui par une de ces ſingulieres inconſéquences dont les exemples ne ſont pas rares en littérature, *Machiavel*, a fait un diſcours exprès (*a*), où il

---

(*a*) *Diſcours ſur la premiere décade de Tite-Live, chap. I.* C'eſt là qu'on trouve un paſſage très-remarquable. L'auteur cite l'exemple du royaume de *France*, où de ſon temps, à ce qu'il aſſure, on ſuivoit les loix plus exactement que par-tout ailleurs ; mais où, ajoute-t-il, dès que l'inobſervation aura lieu, il faudra ou corriger avec grande peine, ou ſ'attendre à la deſtruction. Chaque fois que je jette les yeux ſur les ouvrages de ce grand génie, je ne ſaurois concevoir, je l'avoue, la cauſe du décri où il eſt tombé. Je ſoupçonne fortement que ſes plus grands ennemis ſont ceux qui ne l'ont pas lu, ou qui abu-

prouve que pour éternifer la durée d'une fecte ou d'une république, il faut fouvent la ramener aux principes qui l'ont dirigée dans fon commencement. Cette maxime eft pleine de profondeur & de vérité, fur-tout quand on la faifit en grand, & qu'on lui donne toute l'étendue qu'elle peut avoir.

Il y a dans le monde deux fortes de principes de légiflation. Les uns font originels,

---

fent le plus de fes maximes. Les uns le déchirent par préjugé, les autres parce qu'il a rendu trop fenfible la cruauté de leur politique,

fondamentaux, inaltérables. Ce font ceux qui font tout dériver de la propriété. Leurs inventeurs ne regardant les hommes puiffants que comme les pontifes de cette divinité impérieufe, n'ont point fouffert qu'il y eût de mélange, ni de partage dans l'autorité confacrée à en foutenir le culte.

Mais en même temps ils n'ont rendu cette autorité refpectable, qu'autant qu'on n'en dénatureroit point l'emploi : ils ont pourvu à ce qu'un fouffle pût la faire évanouir dans les mains capables d'en abufer.

Ces principes la tiennent à

l'effence de la *fociété*. Ils en font le lieu & la fauve-garde : c'eft fon bouclier contre la violence, fon arme contre l'injuftice. Ils ont été découverts, il eft vrai, par des hommes à qui la violence & l'injuftice elle-même avoient été d'abord utiles, & qui ne commençoient à les redouter que depuis qu'elles leur étoient devenues fructueufes; mais ils n'en font pas moins facrés.

Sans eux la *fociété* feroit diffoute, & toutes les inftitutions humaines détruites. Ils font généraux ; ils appartiennent à tous les peuples. Une légiflation n'approche de la perfection qu'autant qu'elle se les approprie, qu'elle s'identifie, en quelque sorte, avec eux. Ils doivent inspirer à tous les siecles un respect scrupuleux, & s'observer à jamais, sans que personne ose se permettre de les dégrader. Si l'on avoit toujours eu pour eux ce respect d'adoration qu'ils méritent, il seroit inutile, il seroit fou d'entreprendre une réforme : que pourroit-on leur substituer qui les valût ? Ce sont ceux-là qu'une tradition fidelle a conservés en *Asie*.

Dans nos climats septentrionaux, il semble qu'on n'ait rien pris plus à tâche que de s'en éloigner. On y a introduit une autre législation toute différente & même toute opposée. C'est là que les hommes en place n'ont été armés que pour faire du mal, & que toute puissance leur a été refusée pour faire le bien : c'est là que la division & la subdivision des pouvoirs a établi, sous une apparence de *monarchie* réglée, l'anarchie la plus funeste. C'est là que les peuples en se disant libres, ont été dévoués au plus rude de tous les esclavages, & qu'en feignant de leur préparer des reſſources contre l'oppreſſion, on ne leur en a laiſſé d'autres qu'une oppreſſion plus grande.

Au lieu de ſe diriger dans ces inſtitutions modernes comme dans les anciennes, par des vues générales, étendues, qui les rendiſſent propres à gouverner une ſociété dans toutes ſes périodes, on n'a ſuivi dans celles qui nous ſont propres qu'un plan retréci, meſquin, qui ſubordonnoit toujours l'intérêt public au particulier, & qui favoriſoit la tyrannie, bien plus que la propriété. C'eſt ce plan altéré encore, dénaturé par le temps, ſurchargé de je ne fais quels accompagnements gothiques, que je dis qu'il faut réformer. Je foutiens que cette opération ne fauroit être ni indifcrette, ni dangereufe.

Pour peu qu'on y réfléchiffe, on verra bien que cette nécef-fité de rendre aux *loix*, à de certains intervalles, la fplendeur qu'elles ont perdue, de les nettoyer, pour ainfi dire, comme une machine ordinaire, eft en *Europe* une fuite inévitable de la nature même des peuples qui l'habitent, & des changements continuels qui y arrivent dans la conformation des corps politiques.

Nos gouvernements éprou‑
vent des variations continuelles.
Ils defcendent ou montent fans
ceffe d'une extrême liberté à
une extrême dépendance. Les
ofcillations d'un pendule ne
font pas plus néceffaires pour
affurer la marche de l'aiguille,
que ces viciffitudes, pour en‑
tretenir le jeu des corps poli‑
tiques, parmi nous.

Ou l'autorité républicaine qui
fembloit vivifier l'état, fe retré‑
cit peu à peu. Elle fe concentre
dans un petit nombre de mains.
Le peuple n'eft plus rien dans
l'adminiftration. Une maifon
puiffante s'éleve qui confent à

partager le pouvoir avec quelques-unes de ſes complices. Elle veut bien en faire ſes aſſociées , juſqu'à ce qu'elle ſoit en état d'en faire ſes premieres eſclaves.

Ou bien la *monarchie* , une fois reconnue , ronge ſourdement ſes bords. Elle mine ſans bruit les digues , & les obſtacles qui l'enchaînent. Elle les creuſe ſans éclat juſqu'à ce que le moment ſoit venu d'en faire crouler toutes les parties à la fois , & de livrer un large paſſage au deſpotiſme qui va tout inonder , comme on vit autrefois la *Méditerranée* écarter les colonnes d'*Hercule* , & ne plus offrir à l'œil qu'une mer orageuſe dans le même endroit, où il ne découvroit auparavant que des campagnes fertiles, & des payſages riants.

Qui oſera nier que la légiſlation civile, pour acquérir toute la perfection dont elle eſt ſuſceptible, ne ſoit pas obligée de ſe prêter à ces différents changements ? Qui doute qu'il n'en réſulte de très-grands maux, ſi, tandis que tout change autour d'elle, elle ſeule ne change pas ?

C'eſt aux peuples dont l'adminiſtration eſt toujours reſtée la même, c'eſt-à-dire, aux

Afiatiques, qu'il convient de s'énorgueillir de l'immutabilité de leurs ufages. Ce font des corps robuftes, toujours pleins de fanté, & qui n'ont pas befoin de varier leur régime.

Mais nous qui fommes des êtres cacochymes, condamnés par la nature à une maladie continuelle, & à flotter fans ceffe d'infirmités en infirmités, nous nous obftinons à n'employer dans toutes, que les mêmes remedes. Quand nous avons la fievre nous continuons de prendre le même fpécifique que l'on nous a donné, quand nous étions en paralyfie. Dans

des circonſtances où il eſt queſtion de rafraîchir le ſang, & de
tempérer les eſprits, nous uſons
des drogues qui ne ſont propres
qu'à produire un effet tout contraire, & nous oſons nous croire
plus ſages que les peuples de
l'*Aſie*.

Eux du moins, malgré leur
attachement pour l'évangile qui
regle leur culte, malgré leur
fidélité pour tous les préceptes
de l'*iſlamiſme*, ils ſe ſont permis, en l'adoptant, d'y faire les
changements politiques que leur
ſituation exigeoit. La nation, à
qui *Mahomet* avoit débité ſes
heureuſes rêveries, étoit groſ-
ſiere,

fiere, fans art, fans commerce :
elle ne connoiſſoit pas même
l'uſage de l'écriture. Pour faire
valider le peu de contrats ,
d'actes légaux qui s'y paſſoient ,
le prophete légiſlateur exigea
l'intervention du *juge civil* dans
chaque horde d'*Arabes*. Il dé‑
fendit d'avoir égard à tout en‑
gagement contracté fans cette
formalité.

Cependant quand le maho‑
métiſme fut introduit en *Perſe* ,
& dans d'autres grands empi‑
res, il fallut bien, malgré le
reſpect qu'on y a pour l'*Alco‑*
ran, modifier ſes principes à
cet égard & les abroger même

en entier. Ce qui avoit été facile fous les tentes des *Ifmaé-
lites* ne l'étoit plus dans les palais d'*Ifpahan*. Il s'établit une
nouvelle efpece de droit, qui
fe contente, pour la légalité d'un
acte, de la préfence & de la
fignature d'un certain nombre
de témoins. Les voyageurs (*b*)
nous apprennent que les *imans*
crient beaucoup contre ce droit
raifonnable, qui, fuivant eux,
choque le *droit divin ;* mais les
magiftrats le foutiennent, & le
font obferver.

____

(*b*) Voyez *Chardin.* Voyage de *Paris* à
Ifpahan, tome 6, page 266.

Examinons - nous nous - mêmes, & voyons ſi nous avons jamais été capables de cette force d'eſprit, même dans des matieres plus importantes. Qu'il me ſoit permis d'en citer quelques exemples. Les *loix Romaines* avoient défendu d'arrêter un débiteur dans ſon logis : les nôtres le défendent auſſi : mais à *Rome* cette loi avoit, dans le commencement, des motifs qui la juſtifioient.

La religion avoit conſacré les *lares*, les *foyers* domeſtiques ; elle vouloit que ce fût un aſyle inviolable : c'eſt qu'on y élevoit réellement des autels qui en faisoient des lieux privilégiés. On les remplissoit de statues, de simulacres qui supposoient la présence des dieux ; & , comme rien n'unit les hommes plus que le plaisir de la table, on croyoit que les divinités qui en gouvernoient les apprêts, devoient en exclure tout procédé violent.

La politique avoit fortifié le respect que le culte exigeoit pour elles par un autre principe. C'est qu'elle regardoit une maison, comme le temple de la propriété, comme le sanctuaire de la jouissance. Quand elle s'étoit conformée au culte en cette partie, tous les hommes

qu'elle comptoit pour quelque
chofe dans le monde, étoient
réellement propriétaires de quelques biens fonds. Le logis d'où
ils manifeftoient leurs ordres
étoit confidéré comme le centre
de leur domination.

Ces rois qui faifoient eux-
mêmes des regles pour eux ,
n'avoient pas voulu qu'on pût
les attaquer jufque fur leur
trône. En donnant aux droits
du créancier la plus exceffive
étendue, ils avoient cru devoir
pourtant laiffer quelque lieu de
franchife à l'infortune du débiteur : & ce n'étoit pas pour celui-ci un fi grand avantage ,

puisqu'il ne subsistoit que de l'exploitation de sa terre, & que quand il s'opiniâtroit à rester sur ses foyers, par la crainte d'être saisi en sortant, il s'exposoit à y mourir de faim. La *loi* en lui donnant ce privilege le modifioit donc de sorte qu'il se réduisoit presque à rien. Elle concilioit la religion avec le respect dû à la propriété en tout sens.

Mais, parmi nous, quel est l'objet & le but de ce réglement que nous avons adopté? Ce n'est plus de nos jours la possession des biens fonds qui constitue l'opulence. Les trois

quarts de nos riches ne tiennent
en rien à la terre dont ils con-
fomment les fruits. Ils ont toute
leur fortune dans leur poche ;
ils vivroient à *Constantinople*
auffi-bien qu'à *Paris*, à *Maroc*
tout comme à *Lyon.* Quel eft
donc l'effet de cette prérogative
qu'on leur laiffe, finon de favo-
rifer le débiteur frauduleux, &
de protéger fa perfonne contre
le créancier qui eft dans l'impoffibilité de fe dédommager fur
fes biens (*c*) ?

On pourroit en dire autant

(*c*) Voyez à ce fujet le livre IV de cet
ouvrage.

de nos *loix* fur l'*ufure*, mot célebre qui a donné lieu à des méprifes continuelles , & au fujet duquel on fe bat depuis vingt fiecles, fans avoir déterminé ce qu'il fignifie. L'*ami des hommes*, l'*efprit des loix*, & quelques autres ouvrages publiés par des génies fupérieurs, ont bien effayé de lever le bandeau qui dérobe à nos yeux la vérité fur cette matiere. Mais qui eft-ce qui les a crus? Quelle influence ont eu leurs raifonnements pleins de force, fur l'adminiftration générale ?

La façon d'envifager les rentes conftituées , foit fur les particuliers, soit sur le *roi*, donne lieu à la même réflexion. Les raisons qui ont fait établir entre elles des différences, ne subsistent plus, & la différence n'est point ôtée.

On a décidé autrefois que les unes seroient meubles, & les autres immeubles. Cette variété pouvoit être sage dans un temps où nous ne savions ce que c'étoit que le commerce ; où la *noblesse* n'imaginoit point d'autre source d'opulence que l'exploitation de ses héritages ; où la *magistrature* peu nombreuse, mais assidue, n'avoit d'autre ambition que celle de remplir ses devoirs avec exactitude ; où le tiers - état simple, économe, satisfait de son obscurité, ne connoissoit ni ces moyens destructeurs de s'élever rapidement à la fortune, qui y cause de nos jours une si grande fermentation, ni la manie de s'en servir pour se rapprocher des grands, & acheter des alliances qui déshonorent une des familles, sans honorer l'autre.

Aujourd'hui que l'agiotage est devenu la ressource favorite des trois quarts de la nation ; aujourd'hui qu'elle n'est presque plus composée que de deux especes d'hommes, l'une qui emprunte, l'autre qui prête ; aujourd'hui que la masse des richesses imaginaires, c'est-à-dire, des rentes, du papier de toute espece, est infiniment plus considérable que celle des richesses solides & réelles, ou des fonds de terre ; aujourd'hui enfin que toutes les puissances devenues volontairement tribu-taires & sujettes du commerce ne font plus que des colosses dont la tête est d'or, & les pieds d'argille : pourquoi s'obs-tiner à conserver la même juris-prudence qui leur convenoit, quand au contraire une tête d'argille étoit soutenue par des pieds de métal ?

Dans le temps où la *France* n'étoit qu'un grand bois, désolé par des sauvages mal-propres & cruels, sous le nom de *prudhommes*, on avoit sagement établi les *foires* avec des privileges. Ces petits tyrans, afin de débiter ou d'échanger le produit de leurs brigandages pendant toute l'année, vouloient bien les suspendre pendant quelques jours : afin d'attirer les négociants timides auprès de leurs charniers, ils les nettoyoient, ils les décoroient ces jours-là, & il résultoit du moins de ces treves passageres accordées en faveur du commerce , qu'on s'éclairoit peu à peu fur le bien qu'il auroit pu faire , s'il avoit été plus long - temps paifible.

Mais aujourd'hui que ces repaires d'animaux carnaciers font détruits , pourquoi laiffer fubfifter ces monuments que leur barbarie néceffitoit ? A quoi fervent ces *foires* , ces *francs marchés* , finon à décourager les bons négociants des villes où elles font établies , à fervir de prétexte aux frippons induftrieux qui trompent fans fcrupule des acheteurs qu'ils ne reverront jamais , & qu'ils allechent par l'appât d'un bon marché trompeur, à entretenir l'inutilité d'une foule de bateleurs qui étalent dans ces lieux privilégiés, ou des spectacles indécents, ou des curiosités mensongeres.

Les fêtes chômées se sont multipliées sans inconvénient, dans un temps où la servitude consacrée rendoit ces féries indifférentes, ou même avantageuses aux esclaves. C'étoient pour eux des jours précieux, des jours de repos où l'oisiveté ne nuisoit pas à leur subsistance, puisqu'elle étoit assurée, indépendamment de leur travail, & que le maître pour les appliquer le lendemain utilement à fes ouvrages, étoit obligé de les alimenter pendant l'interruption religieuse que la piété prefcrivoit.

Mais aujourd'hui que tout eft changé, aujourd'hui qu'une indulgence meurtriere a peuplé l'*Europe* d'hommes libres, qui meurent de faim, à la place de ces ferfs bien nourris: aujourd'hui qu'un manouvrier ne gagne, par la journée la plus laborieufe, au plus que de quoi fe foutenir pendant les douze heures qu'il y emploie, la multiplicité de fêtes où le travail lui eft interdit, eft une véritable prefcription prononcée contre lui : on le voit, on le fent, on en eft convaincu ; & cependant comment s'opere la réforme ?

Quand tout ce qui s'appelloit *gentilshommes* étoient de petits defpotes tyrannifant légalement leurs vaffaux, & ne reconnoiffant la fuzeraineté du prince que par un hommage fans conféquence, toutes les prérogatives de la féodalité n'étoient pas déraifonnables : il étoit naturel que les feigneurs euffent chez eux l'adminiftration de la juftice, & que fur leur domaine ce fût en leur nom qu'on prononçât des fentences.

Elles étoient définitives &
par conféquent utiles : mais y
a-t-il rien de plus abfurde, &
en même temps de plus ruineux
pour des fujets que la confer-
vation de cet ufage, qui ne fert
qu'à multiplier pour eux les
degrés de jurifdiction, qui leur
impofe la néceffité d'acheter
un, deux & quelquefois trois
jugements infructueux, beaucoup plus cher que ne coûtoit
autrefois celui qui terminoit
en un inftant leurs querelles ?

Dans le temps où les *rois*
n'étoient que des chefs fans
pouvoir, & des particuliers dé-
corés d'un grand titre, vivant

du revenu de leurs terres comme les autres citoyens, on avoit prudemment ſtatué que leurs *domaines* ne pourroient s'aliéner, afin de leur épargner, à eux & leurs ſucceſſeurs, la tentation d'établir des impôts arbitraires.

Aujourd'hui que les domaines ne ſont plus qu'une partie imperceptible des revenus de la couronne, leur *inaliénabilité* n'en ſubſiſte pas moins, & elle ne fait que du mal. S'ils ſont en régie, les fraix abſorbent bientôt la recette, parce que les dégradations tournent au profit du régiſſeur. S'ils ſont engagés, ce n'eſt qu'à vil prix ; ils n'en

dépériffent pas moins promptement, parce que le poffeffeur
toujours menacé de fe voir dépouillé ne fonge qu'à preffer fes
jouiffances, & fe garde bien de
faire aucune réparation qu'on
ne lui rembourferoit pas.

Enfin pour terminer, car les
exemples en ce genre feroient
innombrables, la *nobleffe* avoit
autrefois droit exclufivement à
toutes les places militaires : il
ne lui étoit permis de chercher de fortune & d'avancement
que par les armes. Ce privilege,
elle l'avoit payé par une renon-
ciation authentique à tous les
autres moyens d'amaffer de l'ar-

gent & d'acquérir de la confidération : c'étoit fur-tout dans cette vue qu'on lui avoit interdit le commerce réfervé exclufivement auffi à la *roture*.

Aujourd'hui les roturiers riches font admis à tous les emplois : brifez donc, comme l'ont fait les *Anglois*, la barriere qui exclud le gentilhomme du trafic. Puifque vous tolérez des excurfions fur fon terrein, autorifez-le à en faire de fon côté fur celui des ufurpateurs qui envahiffent le fien ; fans cela votre *nobleffe* avilie ne fera bientôt plus qu'un fardeau onéreux pour l'état, où confommée par la

mifere & le défefpoir, elle s'é-
clipfera, & vous privera des
reffources qu'offroit à la politique cette claffe d'hommes dont
un orgueil généreux cautionnoit
la magnanimité.

C'eft ainfi que pour des yeux
qui favent voir, prefque tous
les points de notre légiflation
paroiffent ou furannés ou con-
tradictoires. Ils pouvoient être
utiles lorfqu'on les a inftitués :
mais ils font devenus étrangers
à nos mœurs, & à notre façon
d'être. Ce font les *jacques de
mailles* & les *haubergeons* de nos
ancêtres. L'invention de l'artil-
lerie a fait fupprimer ces fragi-

les remparts, dont la valeur de la chevalerie ne dédaignoit pas de se prévaloir contre la mort qu'elle faisoit métier de rechercher. Pourquoi d'autres inventions, équivalentes en d'autres genres, n'emportent-elles pas de même la ruine d'une foule d'institutions devenues aussi inutiles, & peut-être plus dangereuses ? Quel effroi peut donc inspirer à des esprits raisonnables l'idée d'une réforme dont tout démontre la nécessité ?

Pour y procéder, je le répete, il n'est pas question d'introduire des choses nouvelles. Ce ne sont pas de chimeres récentes qu'il s'agit d'autorifer. Je ne dis pas qu'il faille imaginer des réglements qui ne foient jamais entrés dans la tête d'aucun homme.

Réparer un édifice, ce n'eft pas le détruire pour lui en fubftituer un autre : le reprendre fous-œuvre, ce n'eft pas le renverfer. Quand on s'apperçoit qu'il eft près de crouler, on l'entoure d'étais qui le foutiennent un inftant, mais qui à la longue le fatiguent plus qu'ils ne l'affermiffent, & qui du moins le défigurent dans tous les temps. Veut-on le dégager de tous ces appuis embarraffants, c'eft aux

fo... ...ents qu'il faut travailler :
c'e.. .. que l'architecte porte
fes i... & fon art, en fe con-
forma... ..crupuleufement au plan
origin...

De ...ne dans la *fociété* que
faut-il faire, quand la légiflation
paroît relâchée, abâtardie de
toutes parts ; quand tout tombe
& s'affaiffe, & qu'on a lieu de
craindre une chûte auffi entiere
que prochaine ? Le fecret eft bien
fimple : il ne faut qu'écarter les
inventions compliquées de la
barbarie, les échafaudages abfurdes dont fon ignorance s'eft em-
preffée de s'appuyer, & ramener
tout à la fimplicité primitive.

Vitruves,

Vitruves, *Palladio* politiques, ce n'eſt pas aſſez de bien
décorer vos édifices : il ne ſuffit
pas d'abuſer les yeux ſur la
peſanteur de la maſſe par les
ornements légers que vous ſavez
y répandre avec tant de goût :
ces colifichets, ou, ſi l'on veut,
ces beautés qui flattent la vue,
ne ſont rien pour la ſolidité.
C'eſt des fondements qu'elle
dépend.

Si le maçon conſtructeur les
a mal poſés ; s'il y a employé
des matériaux mal choiſis ; s'il
les a appuyés ſur un terrein
mouvant qui fléchiſſe avec le
temps ſous le poids dont on l'a

chargé , votre art devient alors plus dangereux qu'admirable. Les agréments extérieurs du bâtiment ne feront qu'une décoration funeſte qui en cachera la foibleſſe , & ſes malheureux habitants ne s'en trouveront pas moins au premier jour accablés ſous ſes ruines.

Vous n'avez qu'un moyen pour prévenir ce danger. C'eſt de réparer promptement la faute que vous avez laiſſé commettre : c'eſt de courir promptement à la ſource du mal : c'eſt de faire une tranchée profonde qui vous en découvre l'étendue , & de la remplir de matériaux d'un meilleur choix, qui donnent à votre ouvrage une affiette plus ferme, & une solidité inébranlable.

On voit donc qu'il eft quelquefois néceffaire de réformer le *droit civil*. Ce *droit* femble, comme je l'ai dit, n'avoir d'autre objet que les relations des citoyens entr'eux. Il eft aifé cependant de fe convaincre qu'il comprend toutes les autres efpeces de *droits*. Tout dérive de la propriété : il n'y a rien dans le monde qui n'y ait rapport.

C'eft une vérité que les princes & leurs confeils ne méditent peut-être pas affez. Du haut de leur gloire ils fentent rarement quelle influence peut avoir fur leur propre état celui des fujets qu'ils gouvernent : ils ne font pas convaincus de la néceffité qu'il y a pour eux de veiller à ce que ce peuple qu'ils écrafent , jouiffe au moins en paix de fon mince héritage, & de la protection qu'ils doivent donner à la jouiffance de chaque particulier , pour conferver la jouiffance générale qui ne leur eft attribuée que pour cet objet.

De toutes les opérations politiques, c'eft pourtant la plus importante. Les plus fuperbes vaisseaux, dit-on, périssent en peu de temps, si l'on n'a soin de donner de l'eau douce à boire aux rats qui en habitent le fond de cale, parce qu'ils percent le bordage dans l'espérance d'en trouver dehors. De même les gouvernements les plus brillants font bientôt renversés, si la *propriété* des peuples n'est pas tranquille. Le pouvoir des rois n'est assuré qu'autant que les possessions de leurs sujets font solidement affermies : & la raison en est bien simple ; c'est qu'ils possedent tous au même titre.

Les royaumes appartiennent à leurs maîtres, comme une

ferme eſt à moi. L'un a été dévolu à eux ou à leurs ancêtres, par le même principe que l'autre aux miens. Nos titres de jouiſſance & de propriété ſont les mêmes : c'eſt-à-dire, une force, une violence primitive, légitimées enſuite par la preſcription.

Je poſſede un bien en *Champagne* : à quel titre ? Mon pere me l'a laiſſé. Mais mon pere de qui le tenoit-il ? Il l'avoit acheté : & le vendeur, quel étoit ſon droit ? Une autre vente, ou donation ſans doute, faite à lui ou à quelqu'un de ſes prédéceſſeurs. Mais en remontant ainſi de propriétaire en propriétaire, il faudra bien trouver la tige de toutes ces propriétés fucceſſivement tranſmiſes.

Or on n'en trouvera pas d'autres que la violence du poſſeſſeur originaire qui s'en eſt emparé, & la preſcription qui a couvert, conſacré cette violence. Mais chacun de ceux qui en ont fucceſſivement poſſédé & tranſmis l'objet, n'a pas pu comuniquer à ſon ceſſionnaire, plus de droit qu'il n'en avoit reçu du fien, ni un droit d'une autre nature; de forte que la poſſeſſion la plus légitime, la plus facrée aujourd'hui, porte par un bout

fur l'ufurpation la plus criante.
Il eft clair cependant qu'il faut
la refpecter, & quiconque la
viole devient coupable envers
la fociété.

Il en eft exactement de même
des rois, leur propriété a un
objet moins borné: leur poffeffion englobe toutes les poffef-
fions particulieres (*d*); voilà

____

(*d*) On a voulu établir quelque différence
entre la *propriété* fuzeraine des fouverains
fur les biens des fujets, & la *propriété* doma-
niale, en vertu de laquelle ils en jouiffent:
mais fi elles ne fe confondent pas dans la perfonne du prince, s'il n'eft pas véritablement
le propriétaire de ma vigne, de ma maifon,
de ma perfonne même; je voudrois bien favoir pourquoi des gens qui font mécontents
de lui viennent couper mes ceps, brûler mes
meubles & me tuer.

la feule différence ; du refte fon principe eft le même. En mettre en queftion la légitimité ou l'étendue, c'eft ouvrir la porte à toutes les efpeces de défordres. Quiconque oferoit entreprendre d'approfondir la fource des droits attachés à la fouveraineté, pour en démontrer l'injuftice, ébranleroit la fociété entiere. Ceux des particuliers n'auroient plus aucune certitude. Le prince eft la clef de la voûte. En la déplaçant, on occafione néceffairement la deftruction de tout l'édifice.

Cette maxime eft l'abrégé de

toute la politique. Elle en dit plus que ces gros traités où l'on ne s'inftruit guere que de ce qu'on n'a pas befoin de favoir. C'eft cependant une de celles que les publiciftes fe font le plus efforcé d'obfcurcir. Ils fe font imaginés qu'il y avoit du danger à dire la vérité en cette partie. Ils ont donné cours à je ne fais quelle chimere de convention libre, de *pacte* volontaire fait entre les *rois* & leurs *sujets*.

Ils ont fuppofé pour bafe à l'autorité publique, des claufes confenties de part & d'autre, & dont la violation entraîneroit la nullité du pacte. Ils ont prétendu que cette idée étoit la seule barriere qui pût garantir ces derniers de l'oppreſſion : ils n'ont pas vu que c'étoit au contraire les y livrer ſans reſſource. C'eſt vouloir guérir un paralytique en lui donnant des tranchées. Qui ne voit qu'un pareil traité ſeroit le germe des révolutions les plus terribles, & les plus continuelles ?

Où , comment , entre les mains de qui auroit-il été paſſé ? Quel en ſeroit le garant ? le peuple ! il nommeroit des inſpecteurs pour le faire obſerver ? Mais qui eſt-ce qui fixeroit le nombre de ces infpecteurs ? De quel moyen fe fervir pour empêcher qu'on ne les corrompe ? Ne deviendront-ils pas en peu de temps les fouverains ? Ils pourront donner des ordres au prince : ils feront donc plus que lui : ils feront donc fes maîtres. Le peuple aura donc gagné d'augmenter fa charge ; & pour fe délivrer d'un pouvoir qu'il redoutoit, il en aura créé deux que leurs difputes rendront bien autrement redoutables.

On parle des *éphores* à *Sparte*, qui, dit-on, y tempéroient la royauté, fans la détruire.

Mais c'eſt une pure méprife de mots. Ce n'étoient pas des *rois* que les prétendus princes de *Sparte* ; c'étoient des magiſtrats ſubordonnés, des généraux d'armée qui dépoſoient preſque tout leur pouvoir en rentrant dans la ville. Les vrais ſouverains étoient les *éphores*, puiſque la royauté elle - même fléchiſſoit ſous eux.

En adoptant le principe dont je parle, on pourroit donc à chaque inſtant demander compte au ſouverain de ſon adminiſtration. Mais comment déterminer la portion du peuple qui aura droit de requérir & de recevoir ce compte ? Faut-il que la demande foit unanime ? mais cette unanimité n'aura jamais lieu. Ceux qui partagent avec le prince l'emploi, & même, fi l'on veut, l'abus du pouvoir, ne confentiront jamais à la révifion. Voilà donc une partie de la nation qui s'y oppofe.

Etablira-t-on que la pluralité fuffit pour en autorifer le defir ? Mais c'eft ouvrir la porte aux rebellions : à quoi la reconnoîtra-t-on cette pluralité ? Chacun ne prétendra-t-il pas l'avoir de fon côté ? ceux mêmes qui ne l'auront pas, diront que la multitude eft féduite. Ils foutien-

dront qu'il faut compter les raifons, plus que les hommes, &
qu'un petit nombre d'efprits
éclairés eft préférable à une
foule d'aveugles ignorants.

Affurément, s'il y a quelque
matiere où la pluralité des voix
foit requife, & l'univerfalité
néceffaire, ce font celles qui
donnent lieu aux querelles écclé-
fiaftiques; mais c'eft précifément
là ce qui les rend fi longues, fi
opiniâtres, fi difficiles à terminer. On y a vu de tout temps
le petit nombre tenir tête au
grand. On décline l'autorité
fous prétexte que fes miniftres
ne font pas inftruits. On pefe

les suffrages, au lieu de les compter ; & chaque partie ayant en sa faveur des arguments spécieux, la querelle s'éternise, en produisant dans toute sa durée de très-grands malheurs.

Il en seroit de même en politique. Tout attroupement séditieux se diroit l'état. La société seroit perpétuellement troublée. Le prétexte de punir une violence en feroit naître mille autres. Quiconque se sentiroit les talents des *Cromvvel* ou des ducs de *Guise*, en imiteroit la conduite. On déchireroit sa patrie, en feignant de la venger.

Les malheureux fujets, tour-
mentés par leurs libérateurs encore plus que par leurs tyrans,
ne recueilleroient de tant d'efforts que des calamités fucceffi-
ves, & une oppreffion conftante.
Ils périroient entre leurs défen-
feurs & leurs ennemis, comme
une brebis qu'un dogue veut arracher au loup qui l'emporte,
fe fent mettre en pieces, tandis
que chacun des deux la tire par
le côté qu'il a faifi.

Dans le fyftême qui admet
la comptabilité des fouverains,
comme ce n'eft jamais qu'à une
partie privilégiée & peu nombreufe de la nation, qu'on les

dit comptables ; il s'enfuit que pour être oppreffeurs impunément, ils n'ont qu'à faire un concordat avec cette partie, & lui permettre de faire en petit, ce qu'ils font eux-mêmes en grand.

C'eft auffi exactement ce qui s'eft fait en *Europe* à l'égard de la *nobleffe* & du *clergé*, qui font dans l'état des infiniment petits, & qui cependant voudroient jouir feuls du droit d'apprécier la conduite des princes, comme ils l'ont fait depuis le *dixieme fiecle* jufqu'au *quinzieme*, où le *tiers-état* commença à avoir entrée dans les affemblées de la nation : & même comme le *tiers-état* n'eft compofé que de députés choifis parmi les plus riches de l'ordre des *roturiers*, leur intérêt dans prefque toutes ces bruyantes & inutiles affemblées, eft toujours bien plus d'écrafer le *peuple* que de le défendre, & de fe joindre à fes oppreffeurs plutôt que de les défarmer. Pour adoucir ces amas de vautours affamés des dépouilles du refte de la nation, les aigles couronnées ont confenti au partage ; & voilà l'origine de tant de privileges ou injuftes, ou ridicules, ou barbares.

Le *tiers-état* fait ce que faisoient à *Rome* les *plébéiens* riches qui embrassoient le parti
du *sénat*, ce que font les membres de la *chambre des communes*, qui veulent en *Angleterre*
parvenir par le moyen de la
cour.

C'est donc s'abuser volontairement & dangereusement que
de supposer un pacte, une convention libre entre les sujets &
les princes. Cette illusion, si par
malheur elle étoit rédigée en
principe, & réalisée dans la pratique, seroit le signal des plus
horribles calamités sur la terre.
J'ai entendu citer avec éloge,

ce trait d'un palatin *Polonois*, qui s'écrioit dans une difette : *J'aime mieux une liberté orageufe qu'un efclavage paifible.* Ce mot étoit placé dans la bouche d'un petit defpote qui appelloit liberté l'efclavage de fes vaffaux, & fervitude leur affranchiffement. Il avoit raifon de préférer des combats qui affermiffoient fon pouvoir, & lui donnoient occafion de l'exercer, à une tranquillité qui l'auroit certainement affoibli.

Mais tous les hommes ne font pas des palatins *Polonois :* tous ne gagnent pas aux troubles qui

déchirent leur pays. L'intérêt
du grand nombre eſt que l'état
ſoit calme , & l'autorité du
prince reconnue ſans conteſta-
tion ; qu'elle ne dépende pas
d'une foule de petits tyrans ,
qui la morcelleroient pour l'uſur-
per , & qui , ſous prétexte de
protéger le peuple , ne s'accor-
deroient que pour en partager
les dépouilles. Auſſi n'a-t-on
point mis de condition au droit
de commander , ni à la pro-
meſſe d'obéir. Il y auroit , dans
cet engagement réciproque , des
périls infinis , & une utilité moins
que médiocre.

Quoi qu'on en diſe , les ſouverains jouiſſent, parce qu'ils jouiſſent. L'exercice même de leur puiſſance en eſt le titre. S'ils en abuſent, malheur à eux ſans doute. Mais enfin ils ne ſont juſticiables d'aucune ſorte de tribunal. On ne ſauroit leur demander de compte, parce que perſonne n'en a le droit. Il y auroit plus de riſque dans les débats qui précéderoient, ou améneroient la correction, que dans la patience qui y ſupplée.

Quand cet état des choſes feroit un abus, comme il tient à l'origine des inſtitutions ſociales, comme il en eſt inféparable, il n'eſt pas poſſible de le changer. Vouloir avoir des *rois* autres que ceux que l'on a, dénaturer leur pouvoir, le modifier, le reſtreindre, l'éluder, c'eſt commettre autant de crimes contre la poſſeſſion générale : ce ſont autant de coups funeſtes portés à la ſociété qui réſide & ſouffre en leurs perſonnes.

Cependant au milieu de cette indépendance abſolue, il ne faut pas croire qu'ils ſoient ſans frein. Ils en reçoivent un de la nature des choſes, & un plus terrible, plus efficace cent fois, un qui les aſſujettit bien autre-

ment

ment que ces prétendus traités.
Ceux-ci ne feroient que des fe-
mences de divifions, & la ruine
de la juftice ; au lieu que le
frein dont je parle eft le gage
de la paix, & le maintien de
l'équité. C'eft précifément cette
parité de titre, cette reffem-
blance évidente du droit qu'ils
ont fur leurs fujets, avec celui
qu'ont leurs fujets, chacun fur
leurs biens particuliers. Comme
tous deux font de la même efpece, ils ne peuvent fe foutenir que par les mêmes moyens:
comme l'un réfulte de l'autre,
le premier ne fauroit être affer-
mi, fi le fecond ne l'eft pas.

Le souverain est le berger d'un grand troupeau. Il le gouverne sans contradiction avec le secours de ses chiens, qui mordent quelquefois les brebis. Il s'en approprie les toisons, & vit de leur lait : mais s'il n'a pas soin de les défendre des loups ; s'il les égorge pour lui-même , ou qu'il les laisse dévorer par ses dogues ; s'il les écarte du pâturage, ou qu'il leur ôte leur subsistance , il se prive lui-même de la sienne : il se ruine de gaieté de cœur. Il doit bien sentir qu'il ne sera riche qu'en les ménageant : c'est son bien à la vérité : mais en les détruifant il fe fait autant de mal qu'à elles : il fe perce lui-même du couteau avec lequel il les égorge.

Il y a plus : les troupeaux d'hommes font doués d'un entendement qui les rend d'une tout autre nature que ceux de moutons. Ils ont des paffions bien plus vives. Ils ont eux-mêmes des intérêts qui les meuvent, & une raifon qui les éclaire. Ils s'en fervent pour apprécier la conduite de leur berger.

Tant qu'il n'emploie fa houlette & fes chiens qu'à les raf-fembler fur la prairie, où ils

courroient du rifque en fe dif-
perfant ; tant qu'il fe borne à
jouir , avec délices , d'une vie
commode , ou d'une tranquillité oifive , & fur - tout tant
qu'il ne fouffre point qu'on en-
vahiffe la portion du pâturage
que leur induftrie ou le hafard
de la naiffance leur ont affignée ;
ils le refpectent, ils lui obéiffent
avec foumiffion , quelque dure
que foit fa façon de les régir ,
quelque impitoyables que foient
les gardiens fubalternes qu'il
charge de l'exécution de fes
volontés.

Mais s'il s'arroge le pouvoir
de les bannir arbitrairement de

ce pâturage; s'il veut difpofer des portions à fa fantaifie; s'il trouble l'ordre, & viole le droit qui y a pofé des bornes, alors on remonte à l'origine du fien: tout le troupeau fe fouleve. Ces moutons fi doux deviennent des lions acharnés: ils rentrent dans leur indépendance primitive. La force la leur a ôtée: la force la leur rend. Elle devient le remede aux abus qu'elle a caufés. C'eft la lance d'*Achille*, qui guérit les bleffures qu'elle a faites. C'eft elle qui a formé les gouvernemens: c'eft elle qui les change.

C'eft alors qu'on voit arriver

ce qu'on appelle des *révolutions* : c'est alors qu'on met en ufage ces *infurrections* que M. de *Montefquieu* dit n'avoir été connues que dans la *Crete*, & qui font un fruit de tous les climats. C'eft une maladie qui attaque tous les gouvernemens, dès qu'ils oublient le régime dont leur durée dépend ; dès qu'ils compromettent la poffeffion univerfelle du prince, en donnant atteinte à la jouiffance privée des particuliers ; c'eft-à-dire, dès qu'ils ceffent de fuivre avec rigueur les loix civiles, qui établiffent la propriété en tout genre.

C'eſt toujours leur danger qui eſt la ſource & l'occaſion des émeutes. Ce n'eſt que ſous les ſouverains injuſtes à cet égard, qu'arrivent ou ſe préparent les révoltes. Un tyran équitable relativement à l'adminiſtration de la juſtice diſtributive, quelque cruel qu'il ſoit, peut être ſûr de mourir tranquille : au contraire, un roi dont les caprices troublent l'ordre des poſſeſſions civiles, regne rarement avec ſécurité, quelques vertus qu'il poſſede d'ailleurs.

Et il ne faut pas croire que ce ſoit de ſa bonté qu'on abuſe, quand on l'inſulte : il ne faut

pas s'imaginer qu'on puiſſe attribuer à ſa foibleſſe les outrages qu'on lui fait : non. La véritable cauſe de ſon malheur, c'eſt
qu'il a lui-même rendu ſa poſſeſſion douteuſe en violant celle
de ſes ſujets : c'eſt que ſon titre
n'eſt pas plus valable que le
leur : c'eſt que l'un eſt récipro-
quement la caution , & le ſou-
tien de l'autre : c'eſt que je ne
vous appartiens , que parce que
d'autres choſes m'appartiennent.

Le fondement de ma dépen-
dance envers vous qui êtes au
deſſus de moi , eſt mon pouvoir
ſur d'autres objets qui ſont au

deſſous. Comment m'attachez-vous à votre empire ? De quelle maniere me liez-vous à l'obéiſ-ſance que vous exigez de moi ? N'eſt - ce pas en m'aſſurant la jouiſſance des biens que j'ai , ou du moins en me préſentant l'eſ-pérance de jouir de ceux que je pourrai avoir un jour ? Comment ſe feroit - on obéir d'un homme qui ne poſſéderoit rien , & qui renonceroit ſincérement à rien poſſéder ? Il faudroit le tuer , & alors même il n'obéi-roit pas.

Or , ſi l'injuſtice du prince trouble cette jouiſſance , ou fruſtre cette eſpérance ; ſi ſes caprices l'éludent ; s'ils la rendent problématique, le lien de l'état est diffous. Toutes les *propriétés* enfemble, depuis celle du fouverain jufqu'à celle du plus vil de fes vaffaux, forment la chaîne qui le compofe. Si vous en brifez un anneau, fût-ce le dernier, tout n'eft-il pas rompu ? Cette chaîne n'eft utile qu'autant qu'elle refte vigoureufement tendue d'un bout à l'autre ; mais à la moindre folution de continuité, elle tombe par terre ; & le côté qui y languit fans action, ne fert qu'à gêner, qu'à embarraffer par fon poids celui qui fe foutient encore à la

muraille dont il ne s'eſt pas dé-
taché.

La réflexion ſeule démontre
cette vérité : l'expérience la rend
encore plus ſenſible. L'hiſtoire
en fournit les preuves les plus
convaincantes. On y voit par-
tout que le véritable appui des
trônes, eſt la ſécurité avec laquelle les particuliers jouiſſent
à leur ombre de ce qui leur appartient. Ce ne ſont point les
ſoldats qui ſoutiennent les empires : c'eſt l'équité. Tout l'art
de régner ſe réduit à un point
bien court & bien facile : c'eſt
de veiller à ce que la juſtice ſoit
juſte. Il n'y a point de violences

que ce foin ne rende fupporta-
bles : il n'y a pas de vertus que
la négligence oppofée ne rende
inutiles.

Cromvvel étoit un ufurpateur
bien odieux. Il avoit forcé la
religion d'être fa complice. Il
avoit fouillé l'*Angleterre* du
fang le plus précieux. Il avoit
volé la couronne, & , n'ofant
la mettre fur fa tête, il fe faifoit
obéir en la portant à fa main. Il
étoit cruel, fans foi , volup-
tueux ; il avoit l'ame de *Néron*,
avec le cœur d'*Attila* : mais il
refpectoit les droits des particuliers : il faifoit rendre la juftice
avec une impartialité févere. Il

étoit le feul tyran des trois royaumes. Il mourut paifible dans fon lit, & des larmes non fufpectes honorerent fon convoi.

Comparez la conduite & les maximes de cet heureux coupable dans la manutention de l'ordre civil, avec celles de l'innocent & infortuné *Charles I*; & vous n'aurez pas de peine à démêler d'où eft venue la différence de leur fort.

Peut-être ne tint-il pas à la ducheffe de *Montpenfier* que *Paris*, un demi-fiecle plutôt, n'eût donné à *Londres* l'exemple de cette affreufe cérémonie,

qui coûta ſi cher au gendre de
Henri IV. Mais malgré ſes ca-
bales, malgré les piſtoles de
l'*Eſpagne*, malgré les ſermons
des moines & les intrigues de
Rome, jamais le duc de *Guiſe*
n'auroit trouvé tant de partiſans, ſi les prodigalités de
Henri III ne l'avoient mis
dans la néceſſité d'être injuſte.
Pour donner cent mille écus à
l'un de ſes favoris, il falloit
appauvrir une foule de ſujets;
& le nombre de ceux qu'il dé-
pouilloit ſurpaſſant de beaucoup celui de ceux qu'il enrichiſſoit, la révolution s'enſuivit
bientôt.

On fait honneur à la mort de deux femmes de l'expulsion des *Tarquins* & de celle des *décemvirs*. Il eſt évident qu'on ſe trompe. Les attentats du jeune libertin & du grave magiſtrat furent le prétexte, l'époque du ſoulévement, mais non pas ſa cauſe. Quand la chaſte *Lucrece* auroit laiſſé dans l'ombre du ſilence l'affront qu'elle avoit reçu pendant l'obſcurité de la nuit ; quand la belle *Virginie* auroit été livrée ſans contradiction au vil affranchi qui ne s'en diſoit le maître que pour la proſtituer, le trône & le décemvirat n'en auroient pas moins été renverſés tôt ou tard.

Tarquin par ſes prodigieux bâtiments fouloit le peuple. Il enrichiſſoit les ſoldats pendant la guerre, & minoit les citoyens pendant la paix. D'autre part, *Appius* en arrachant une fille des bras de ſon pere, attaquoit une propriété ſacrée. Ce fut bien moins l'outrage fait à la pudeur, qui révolta les *Romains*, que l'atteinte donnée à la puiſſance paternelle. Voilà ce qui les fit éclater dans les deux cas. Sans cette conſidération la populace auroit pu jeter quelques cris : mais les

licteurs l'auroient bientôt diffi-
pée. L'émeute auroit fini par
des vaudevilles, & ce qui en
fit une révolution férieufe &
durable, ce fut le danger que
couroient les propriétés.

Enfin *Tibere*, *Louis XI*,
Ferdinand le catholique, &c.
étoient certainement des princes déteftables. Ils fe jouoient,
au moins les deux premiers, de
la vie des hommes, & tous les
trois de la fainteté des ferments.
Ils facrifioient tout à l'augmentation de leur pouvoir. Cependant on trouve, dans les annales
de la politique, peu de regnes
auffi fortunés. Pourquoi ? c'eft

que leur cruauté ou leur per-
fidie étoit *justiciere*, s'il est permis de le dire ; c'est que les propriétés leur étoient sacrées, au
milieu des ordres sanguinaires
qu'ils donnoient. Ils respectoient
les possessions des peuples, & les
forçoient par conséquent de respecter la leur. Ils affermissoient
les droits privés du citoyen, &
rendoient solides leurs droits
universels, dans la même proportion.

Des princes d'un caractere
bien supérieur, des souverains
adorés avec raison de tout ce
qui les approchoit, ont été les
victimes des plus funestes révo-

lutions, faute d'avoir eu cette
févérité rigide qui eft la premiere
vertu de leurs places, & qui leur
convient beaucoup mieux que
ce qu'on appelle en eux la bonté.
De pareils rois font des hommes
très-eftimables, & des fouverains très-dangereux.

Ils reffemblent aux ftatues
faites pour être placées dans les
lieux élevés à une grande diftance de l'œil du fpectateur.
Si les traits en font trop doux,
elles y ont une phyfionomie
baffe. Elles n'y produifent aucun effet, ou plutôt elles en
produifent un très-défagréable.
Pour qu'elles y brillent avec

majefté, il faut que le fculpteur ait foin de leur donner des traits rudes & groffiers. C'eft cette rudeffe choquante de près, qui en fait la grandeur & la beauté dans l'éloignement.

C'eft donc bien en vain que l'on a établi des différences entre le *droit civil* & le *droit politique*. Ces gros livres qui les diftinguent, qui les féparent, ne font que des recueils d'illufions & de chimeres. L'un & l'autre partent de la même fource : ils font freres, ou plutôt ils font un, s'il eft permis de le dire. Les divifions que l'on en fait font imaginaires. Tous les droits,

& fur-tout ces deux-là, fe réduifent à être jufte, à rendre
à chacun ce qui lui appartient,
pour conferver le fien propre.

Ce *droit*-là, encore une fois,
eft l'abrégé de tous les autres.
Il oblige les princes comme les
fujets, précifément par la nature de leur poffeffion. Il ne lie
point les premiers, par je ne fais
quels filets métaphyfiques, &
imperceptibles, que le moindre
fouffle des paffions feroit évanouir. Il les enchaîne comme
les feconds, par le plus fort de
tous les tiffus, par leur propre
intérêt.

Ils peuvent tout dans leurs

états, comme un pere de famille dans fa ferme. Il peut brûler fa maifon, abattre fes arbres, arracher fes vignes. Mais que gagnera-t-il en fe livrant à un délire fi deftructeur ? De fe ruiner lui - même en peu de temps. Voilà à quoi fe réduit la puiffance illimitée des fouverains, s'ils en font un abus auffi extravagant.

Cette maxime ne favorife pas, comme on le croit, la tyrannie, à beaucoup près ; elle impofe aux *rois* des obligations bien plus étroites que cette prétendue dépendance où on voudroit les mettre à l'égard de leurs vaſſaux. Elle ne leur conſeille pas ſeulement d'être juſtes ; elle les y force. Ce n'eſt pas un avis qu'elle leur inſinue ; c'eſt un devoir eſſentiel dont elle leur démontre la néceſſité. Ce n'eſt pas une ſimple menace qu'elle leur fait , s'ils viennent à le négliger ; c'eſt une punition auſſi infaillible que prompte , qu'elle leur remet ſous les yeux.

De cet axiome ſuit une foule de conſéquences , toutes inſtructives , toutes lumineuſes , & plus intéreſſantes encore pour les princes & leurs conſeils , que pour les particuliers qui leur obéiſſent. Il s'enſuit que le droit de rendre la juſtice, n'eſt pas ſeulement la plus belle prérogative de la ſouveraineté; mais que c'en eſt auſſi la plus ſûre ſauve-garde. Elle eſt la plus magnifique décoration d'un trône ; mais c'en eſt auſſi la baſe la plus ſolide.

Le deſtin des couronnes dépend de la préciſion avec laquelle *Thémis* dirige ſa balance. Elles chancellent à la moindre inégalité qui s'y fait ſentir : quand la ſurcharge vient au point de détruire entiérement la proportion du baſſin qui les ſoutenoit, & qu'il vacille entre

les

les mains de la déeſſe , elles tombent ſur ſa terrible épée , contre laquelle elles ſe briſent.

De là il ſuit encore que de tous les privileges attachés au gouvernement , le droit de veiller par lui-même à l'adminiſtration de la juſtice diſtributive , eſt celui dont un prince doit le moins ſe défaire. Quand il le confie à d'autres mains , il faut que ce ſoit pour ſe ſoulager , & non pour s'en deſſaiſir : il fait une action très-utile, très-ſage, quand il préſide en perſonne aux jugements; il eſt très-louable de prendre cette précaution le plus qu'il peut , comme un fermier l'eft de fuivre fes domeftiques dans les champs, & de voir par fes yeux comment ils les labourent.

M. de *Montefquieu* prétend que cette occupation eft incompatible avec la *monarchie*, & que tout y eft perdu, fi le prince a le courage de s'y livrer. Mais la *monarchie*, telle qu'on la voit dans *l'efprit des loix*, eft un beau fantôme de la création de cet auteur, comme le defpotifme y eft un fpectre hideux, qui n'a pas plus de réalité. C'eft un peintre qui a fouvent tracé fur fa toile des objets de fantaifie.

Quel étrange gouvernement seroit-ce, que celui où le chef ne pourroit sans inconvénient remplir la plus importante de ses fonctions ? Quel monstre en politique qu'une administration où un prince deviendroit coupable en s'acquittant du plus sacré de ses devoirs ; où le simple exercice de sa puissance seroit un abus, & où l'état ne se croiroit en sûreté qu'autant qu'il auroit à sa tête une idole sans mouvement !

Machiavel, il est vrai, pense la même chose, lui qu'on ne soupçonne pas ordinairement d'avoir voulu restreindre les prérogatives de la souveraineté. *Un prince*, dit-il, *ne doit pas juger par lui même les procès de ses sujets, parce que par là il risque de se faire haïr* (e). Mais ici *Machiavel* se trompe; ce qui ne lui arrive pas souvent.

D'abord le prince qui rend des arrêts en personne, ne mécontente certainement pas les deux parties à la fois. S'il choque celle qui perd, il plaît à celle qui gagne, & la peine qu'il a prise de les juger lui-

____

(e) Voyez le *prince* de *Machiavel*, chap. 19.

même le rend respectable à toutes deux. Il en est de l'autorité suprême, comme des instruments d'acier bien polis, qui se rouillent faute de servir, & qui ne conservent jamais plus d'éclat, que quand on en fait souvent usage.

D'ailleurs ce n'est pas précisément la crainte d'être haï, ou le desir d'être aimé, qui doit appeller un prince dans ses tribunaux, ou l'en écarter. Quand ce motif entre pour quelque chose parmi ceux qui le déterminent, tout n'en va que mieux sans doute : mais c'est sur-tout son propre intérêt qui lui défend d'oublier qu'il eſt le premier magiſtrat du pays, l'inſpecteur né de touſ les autres; c'eſt cette conſidération active qui doit lui faire ſentir ſans ceſſe qu'il ne lui ſuffit pas de les diriger de loin par des ordonnances, mais qu'il court toutes ſortes de riſques, s'il ne les ſubjugue lui-même par ſon exemple.

La moindre prévarication dans l'exercice de la juſtice peut lui devenir infiniment nuiſible: la moindre iniquité qui dépouille un de ſes ſujets de ſes poſſeſſions, eſt un attentat qui attaque la ſienne: ne ſeroit-il pas imprudent de se reposer exclusivement sur des tiers du soin de les prévenir? En protégeant ses vassaux, il défend son bien. S'il laisse à d'autres mains cet emploi délicat, il ne sera plus qu'un pere de famille qui donne ses terres à régir à des intendants, à des étrangers. Qu'en arrive-t-il? c'est qu'il se ruine, & que ses représentants s'enrichissent.

Aussi n'a-t-on jamais vu de prince digne de l'être, qui n'ait regardé cette fonction comme un des attributs inséparables de sa couronne. Les empereurs de *Rome*, en fondant une monarchie qui reſſembloit plus à la liberté que la république, ſe ſont piqués de remplir ſcrupuleuſement ce devoir. Tous ceux d'entr'eux qui eurent des vertus ne s'en diſpenſerent jamais.

Nerva, *Trajan*, *Adrien*, *Marc-Aurele*, *Julien* étoient aſſidus dans les tribunaux. Ils donnoient à leurs juges l'exemple de la juſtice & de l'impartialité. Ils rendoient leurs fonctions reſpectables en s'y aſſujettiſſant, & veilloient par eux-mêmes à ce que les loix fuſſent exactement & ſouverainement exécutées.

Saint Louis qui a fait des fautes, mais qui n'en étoit pas moins un grand roi, avec une autorité bien bornée; *saint Louis* qui étoit infiniment supérieur à son siecle, & à qui l'on ne peut guere faire d'autre reproche que de n'en avoir pas assez combattu l'esprit; *saint Louis* étoit le premier juge de son royaume: on se souvient encore de l'appareil rustique avec lequel il prononçoit sur les querelles entre ses vassaux, & du chêne qui servoit de dais au trône champêtre d'où il dictoit ses arrêts.

Tant que la *Suede* à gémi sous le joug du despotisme ou

de l'anarchie, l'administration de la justice y a été négligée. Le préjugé vraiment gothique qui en écarte les souverains, y a livré le peuple à la discrétion des tyrans en robe que rien ne contenoit. Mais au moment de la régénération, à l'instant où un digne successeur de *Vasa* est venu briser le joug de l'oppression aristocratique, & affranchir le peuple de la tutelle qui flétrissoit le trône ; ce prince attentif à panser toutes les plaies de son état, a porté la main sur celles que lui feroient des tribunaux arbitraires : il a voulu par lui-même con-

noître la conduite des juges &
les motifs de leurs jugements.
Il les a soumis à une inspection
que lui - même dirige ; & de
toutes les réformes que la sa-
gesse lui a dictées, celle-là est la
plus importante sans contredit.

Du même principe développé
ci-dessus, il suit aussi que les
loix en général, civiles & autres, ne sauroient être trop
simples, trop uniformes ; qu'il
ne faut point, dans un état bien
policé, de tribunaux de différentes especes, & qu'ils ne
peuvent être trop voisins des
lieux où s'élevent les contes-
tations.

Les *loix* ne fauroient être trop fimples, ni trop uniformes, parce que la chicane ne naît que de leur confufion, & leur confufion que de leur multiplicité, & que la chicane eft une des plus fourdes, mais en même temps une des plus deftructives maladies d'un empire : ce font fes parties nobles, pour ainfi dire, qu'elle attaque, c'eft-à-dire, la propriété. C'eft dans cette fource de la vie qu'elle porte la gangrene ; & quand celle-là eft une foi viciée, les autres ne tardent pas à tomber en pourriture.

Il ne faut point de tribunaux

de plusieurs especes, parce que c'est le choc de plusieurs autorités qui cause les troubles dans les états, comme c'est le conflit de plusieurs vents qui occasione les tempêtes. Quand aucun ne souffle, c'est un calme dangereux, & plus funeste que l'orage. Quand il y en a plusieurs, les flots s'émeuvent, & la mer se couvre de vagues, où les meilleurs navigateurs peuvent être engloutis. Quand il n'y en a qu'un seul qui la sillonne, les vaisseaux la fendent sans peine & sans risque. Il en est de même des empires ; ils ne sont heureux que quand ils sont régis par une seule espece de pouvoir.

Enfin les tribunaux ne sauroient être trop à portée des lieux qui exigent leur secours, parce que les débats qui concernent la propriété ne sauroient être trop rapidement terminés. Ce sont des tranchées convulsives, où le moindre délai peut causer la mort : on est suffoqué, pour peu que le remede tarde ; & d'après les principes incontestables que j'ai établis, ces suffocations particulieres entraînent nécessairement la perte du prince, ou plutôt du gouvernement, & par conséquent celle de l'état.

Je fais que ce n'eſt point là l'avis de M. de *Monteſquieu* ; mais auſſi j'ai toujours été ſurpris de voir combien ſon livre, eſtimable d'ailleurs, petillant d'eſprit & plein d'idées profondes, contenoit de préjugés, de ſophiſmes & d'erreurs, puiſqu'il faut le dire, ſur cette matiere.

Il réprouve l'uniformité, qui n'eſt ſuivant lui le partage que des petits eſprits. Il traite de chimere dangereuſe la réduction des tribunaux ; & pour la ſimplicité des loix, il la déteſte, comme le plus ſûr inſtrument de la tyrannie. Ces propoſitions fe déduifent en effet de celles qui les précedent dans fon ouvrage. Après avoir pofé les premieres, il ne pouvoit fe difpenfer d'adopter les secondes; mais quel dommage qu'un efprit fi éclairé ait préféré le plaifir d'être conféquent , à celui d'être jufte, & la fatiffaction de ne pas fe démentir, à celle de ne dire que des chofes vraies.

Quoi ! les tyrans aiment les loix fimples ? ils en font l'arme du defpotifme , & le foutien de l'oppreffion ? Autant vaudroit avancer que ces animaux que la nature a condamnés à vivre dans la nuit d'un terrier, ne recherchent rien avec tant d'ardeur que la lumiere du jour.

La tyrannie eſt la confuſion de tous les droits : comment ceux qui l'établiſſent favoriſe-roient-ils des réglements qui ne permettent pas de les confon-dre ? Plus ils ſont ſimples, plus ils ſont faciles à démêler. Ce ſeroit donner des armes contre eux-mêmes : auſſi le vrai tyran ne hait - il rien tant que la ſimplicité en tout genre. Elle l'incommode, comme l'éclat du ſoleil bleſſe un hibou ; elle le fatigue, parce qu'elle met au jour toute fa difformité : elle l'importune, parce qu'elle rend bien plus fenfible l'injuftice de fon invafion.

Mais les ufurpateurs diftin-gués par leur génie, dit M. de *Montefquieu*, ont tous travaillé à fimplifier les loix. Sans doute; mais qu'en réfulte-t-il ? qu'ils étoient de grands hommes : qu'après avoir envahi par le droit des brigands, ils fon-geoient à conferver par celui des princes légitimes. Ils fai-foient pour couvrir leur ufurpa-tion, ce qu'auroit dû faire la puiffance déplacée par eux, pour la prévenir.

Les *César*, les *Cromvvel*, &c. fentoient le befoin de ref-fufciter, par la fimplicité des loix, les états que la compli-cation de ces loix avoit tués. Ils étoient bien loin d'envifager cette réforme comme l'inftru-ment de leur grandeur, puif-qu'ils l'avoient acquife, avant que d'y travailler. Ils n'y voyoient pas un moyen de devenir puiffants, puifque cette opération même eft une preuve qu'ils l'étoient déjà, avant que de la hafarder. Enfin cette fimplicité qu'ils aimoient, qu'ils favorifoient avec tant de foin, au lieu d'être la reffource de l'oppreſſion, en étoit au contraire le remede.

Voilà une partie de mes idées ſur les *loix civiles* ; voilà quelle eſt ma maniere de penſer, ſoit ſur la néceſſité de les réformer, ſoit ſur les circonſtances ou le retard d'une refonte peut-être nuiſible, ſoit ſur les principes d'après leſquels doit ſe diriger l'ouvrier, pour y procéder ſans danger pour lui, & pour tous les ſpectateurs intéreſſés au ſuccès de ſon entrepriſe. Ils ſont, à ce que je crois, clairs, lumineux ; ils dérivent tous, comme ceux de la géométrie, d'un axiome unique & inconteſtable.

Il y a plus : ce n'eſt pas une ſimple théorie que je préſente ici : ce ne ſont pas des ſpéculations nouvelles, ni des découvertes récentes que je propoſe : ce ſont des vérités déjà confirmées par une expérience journaliere depuis pluſieurs milliers d'années. Je rappelle la ſociété aux fondements ſolides, inébranlables, ſur leſquels a été établi ſon berceau.

Elle a eu depuis l'imprudence de s'en éloigner en grandiſſant. Dans la partie du monde que nous habitons, cet écart lui a occaſioné des chûtes dangereuſes, & des maux preſque incurables. Il en a réfulté pour elle une agitation non interrompue. Les efforts mêmes qu'elle hafarde fans cefle pour fe procurer quelque repos, ne font que la placer dans des fituations plus douloureufes. Suis-je coupable de lui remontrer qu'en tout pays, elle ne trouvera jamais de foulagement que dans un berceau pareil à celui où elle eft née !

On s'eft efforcé, depuis, de lui en donner de l'horreur. On lui a fait honte des langes de fon enfance. On a tâché de lui perfuader qu'elle y feroit à la gêne. On y a réuffi, du moins en *Eu-*

rope. Les empiriques qui la traitent dans nos climats, font venus à bout de la convaincre que les convulfions continuelles dont elle y eft accablée, étoient la véritable fanté. Ils lui ont fait croire qu'au contraire le calme heureux, le paifible fommeil dont elle jouit en *Afie*, étoit une véritab'e maladie, qu'ils ont défignée fous le nom effrayant de defpotifme. Ces préjugés accrédités par des efprits intéreffés à les répandre, ont été reçus par des efprits crédules qui n'en ont jamais examiné la juftefle. C'eft à combattre les uns, & à éclaircir les autres, que ce livre eft deftiné.

Je fais pour la légiſlation ce qu'a fait autrefois *Copernic* pour l'aſtronomie. Quand ce favant chanoine développa la feule théorie raiſonnable qui ait été donnée des mouvements céleſtes, il n'inventa rien de lui-même. Il fe borna à renouveller les opinions des *Chaldéens*. Il leva un voile épaiſſi par une longue fuite de fiecles, fur une lumiere qui s'étoit montrée avec tant de fplendeur en *Afie*.

J'en fais autant aujourd'hui. C'eſt dans les mêmes contrées que je vais chercher des con-noiſſances d'un autre genre, à

la

la vérité ; mais qui y font encore plus anciennes, & qui s'y font mieux confervées. Pourquoi les vrais principes de la politique ne fe feroient - ils pas produits dans les mêmes campagnes qui ont vu éclore ceux de l'aftro- nomie ? Pourquoi des yeux à qui le jeu de l'univers entier n'a pu échapper, fe feroient- ils mépris fur des objets bien plus à leur portée ? Pourquoi des obfervateurs, capables de faifir au milieu du ciel les loix compliquées qui régiffent les révolutions des aftres, n'au- roient-ils pas découvert auffi la fimplicité des vrais refforts pro-

tres fur la terre ; comme ils en avoient éprouvé la fageffe, & qu'ils étoient d'affez bonne foi pour avouer qu'ils n'auroient pas pu leur en fubftituer de meilleures, ils les ont confervées avec une fidélité inaltérable, & ils n'ont pas encore eu lieu de s'en repentir.

C'eft pourtant à l'occafion de ces *loix* que nous ofons leur infulter, nous, malheureux defcendants des *Cauques*, des *Sicambres*, des *Ufipetes* & des *Bructeres*. Nous fommes encore tout couverts des haillons avec lefquels nos ancêtres cachoient à peine leur nudité dans leurs

forêts fauvages : nos loix na-
tionales ne font autre chofe
que la boue groffiere dont ils
s'étoient fouillés dans leurs marais ; & nous ne rougiffons pas
d'outrager les defcendants di-
rects des vrais fondateurs de la
fociété, de ceux qui nous ont
tout enfeigné , jufqu'à l'art
d'écrire dont nous abufons pour
les infulter. Nous ne pronon-
çons leur nom qu'avec mépris,
& celui de leur gouvernement
qu'avec horreur.

Certainement il n'y a qu'un
délire bien peu réfléchi qui
puiffe nous engager à préférer
ainfi, fans examen, la forme de

notre adminiſtration à la leur. C'eſt une étrange manie que celle de ce préjugé prétendu patriotique. Nous reſſemblons tous à ce ſavant *Suédois*, plus ivre encore de l'amour de ſon pays que de ſa ſcience, qui prouvoit, par des paſſages de l'écriture, que le *paradis ter-reſtre* n'a pu être ailleurs que dans la *Scandinavie*, & que Dieu avoit ſûrement placé ce jardin délicieux, dans un endroit où les *ours blancs* périſſent de faim & de froid pendant neuf mois de l'année.

J'ai raiſonné ſur d'autres principes. J'ai conſidéré les objets avant que de les apprécier. J'ai vu que ce qui nous effrayoit ne méritoit que notre admiration, & que le fort de tant de peuples, que nous envifageons avec une pitié fort ridicule, ne devroit exciter que notre envie.

Je le dirai toujours, parce que j'en fuis convaincu : cet Orient que nous dédaignons avec tant d'orgueil, & dont nous allons mendier fi baffement les richeffes, eft la véritable école où nous devons aller puifer toutes nos connoiffances : c'eft de là que doit partir le foleil deftiné à nous éclairer, au moral comme au phyfique: c'eft là que fa lumiere eft encore vive & pure : c'eft là qu'il brille fans nuage aux yeux des peuples qui l'ont vu naître.

Il fe couvre de taches & d'obfcurités à mefure qu'il s'en éloigne. Il arrive enfin pâle & languiffant vers notre Occident, où il acheve de perdre fon éclat. Il s'y plonge dans une nuit épaiffe, que les vapeurs de nos prétendues fciences ne contribuent pas peu à redoubler.

L'Afie peut nous fournir des tréfors tout autrement précieux que ceux que nous y cherchons. Ce font des foies, des diamants, de l'or que nous nous applaudiſſons d'y ramaſſer. Combien plus ſage ſeroit le voyageur bienfaiſant, qui nous en rapporteroit une théorie ſuivie des vérités utiles qui y ſont miſes en pratique de temps immémorial!

Ces *Turcs*, ces *Perſans* qui traitent nos marchands, & même les nations qui les envoient, avec tant d'empire: ces fiers *Muſulmans* qui affectent pour les uns & pour les autres, un mépris ſi hautain & ſi juſte: ces peuples ſi fameux, mais ſi peu connus, & que nous défigurons ſi mal-adroitement dans nos relations, ſont dignes de devenir nos maîtres dans la *morale*, dans la *jurisprudence*, & dans toutes les parties du gouvernement. Ce n'est que chez eux qu'il est possible de s'en instruire à fond, parce qu'il n'y a qu'eux qui en aient conservé les principes originels.

Cela est si vrai que tous les législateurs & philosophes *Grecs* ont été chercher en *Orient* les maximes qu'ils ont depuis développé dans leur patrie. Les *Pitagore*, les *Solon*, les *Thales*, les *Platon*, &c. s'empressoient d'aller acquérir des lumieres en *Asie* sur l'objet de leurs études, & ils y en trouvoient.

Or le *despotifme*, que nous prétendons y voir, y exiſtoit certainement dès ce temps-là, comme aujourd'hui ; ces défenſeurs intrepides de la liberté ne le croyoient donc pas ſi incompatible avec elle. Auroient - ils été s'inſtruire des moyens propres à affermir cette idole ſi cherie de leurs compatriotes, dans les lieux où elle n'auroit reçu que des outrages ? Eſt-ce dans les tombeaux que les botaniſtes intelligents vont chercher des ſimples propres à conſerver la vie ?

Sans doute que ces grands hommes avoient, ſur ce que

nous nommons liberté , des idées bien différentes des nôtres, puiſqu'ils en alloient puiſer les regles dans une ſource que nous croyons ſi impure. A qui cependant faut-il s'en rapporter ſur cet objet ? à nous qui ne le connoiſſons que comme les *pyramides* , ſur des relations étrangeres ; ou à eux qui , étant nés dans le ſein de l'indépendance , ont conſacré leur vie à la défendre , & leurs écrits à en développer les avantages.

Il y a plus : la vérité à cet égard eſt ſi frappante , qu'elle perce au travers des préjugés de la philofophie moderne. Très-fouvent la bouche de fes favoris eft maîtrifée par un pouvoir impérieux & involontaire, comme celle de ce *prophete*, qui ne s'ouvroit que pour bénir, après avoir promis des malédictions. En voulant déclamer contre les adminiftrations *Afiatiques*, ils en font fentir la félicité.

Par exemple, on lit dans *l'efprit des loix* ces propres termes, liv. 3, chap. 9 : *Il faut que le peuple foit jugé par les loix, & les grands par la fantaifie du prince ; que la tête du dernier fujet foit en fûreté,*

& celle des bachas toujours expofée. Certainement la domination la plus jufte, la plus douce, la plus heureufe eft celle où le plus grand nombre de citoyens ne peut être fouftrait à l'empire des loix : celles de l'*Afie* ont cet avantage, puifque le peuple eft néceffairement plus nombreux que les *bachas* ; par cela feul elles ont donc la fupériorité fur toute autre adminiftration. De l'aveu de M. de Montefquieu, & quand on l'entend ajouter immédiatement après ces mots, ceux-ci : *on ne peut parler fans frémir de ces gouvernements*

monſtrueux : que peut-on faire, ſinon plaindre le ſort de l'eſprit humain, qui eſt ſujet à de pareils écarts, & admirer l'opiniâtreté des partiſans de cet auteur, que de ſemblables traits ne déſabuſent point ?

Mais, me dira-t-on, quel eſt votre but ? Prétendez-vous nous obliger à changer notre conſtitution ? Penſez-vous qu'on ne puiſſe être bien gouverné que par des *ſultans* & des *viſirs - azem*, ou des *athema-doulet* ? Faut - il ſubſtituer des *divans* à nos *cours*, & des ſérails à nos *boudoirs* ?

Je ne dis pas cela : nous

ne fommes pas en état de fupporter cette régénération, elle
exigeroit d'autres mœurs &
peut-être même d'autres corps
que les nôtres ; mais on fe
plaint avec raifon de la barbarie onéreufe de notre légiflation : on gémit de voir que
rien n'y eft affuré, que les
honneurs y font tous les jours
écrafés par les ruines de ces
malheureux édifices gothiques,
où ils fe flattent de trouver
l'ombre & le repos. On crie
qu'on ne fauroit trop tôt fe
hâter de les réparer.

Eh bien, je vous offre les
principes d'après lefquels il faut

travailler, fi vous voulez y trouver jamais une fûreté durable. Je vous offre une magnifique nature fur laquelle vous pouvez modeler vos conftitutions. Drapez-les comme il vous plaira, mais n'en faites pas difparoître entiérement les contours? Que le nud perce à travers l'élégance de vos vêtements, & foyez perfuadé que vous approcherez d'autant plus de la perfection, que vous conferverez avec plus de fcrupule la vérité des formes.

Je vous prêche la fimplicité, l'uniformité; c'eft en cela que confifte la perfection en tout genre. Toute adminiſtration compliquée eſt abſurde & malheureuſe : elle eſt abſurde, parce qu'embarraſſer le jeu d'une machine deſtinée à un mouvement non interrompu, c'eſt en anéantir l'effet ; elle eſt malheureuſe, parce que toutes les parties ſouffrent dès que l'engrenage n'eſt pas aiſé. Quand les dents ſe heurtent, au lieu de gliſſer avec préciſion les unes ſur les autres, les ſecouſſes qui en réſultent ſe communiquent de proche en proche. L'ébranlement ſe fait ſentir juſque dans le centre. L'arbre qui le reçoit de tous côtés, après avoir fléchi quelque temps, s'éclate enfin, & se brife tout d'un coup avec fracas.

Ces principes ne font point ceux de l'efprit des loix, ni de tous nos publiciftes; mais ce font ceux de la vérité. L'expérience qui les confirme doit l'emporter, fans doute, fur les raifonnements qui les combattent.

Je ne les ai hafardés qu'après y avoir mûrement réfléchi. On s'appercevra bien au ton avec lequel je les difcute, que je n'ai pas prétendu en faire un jeu d'efprit. J'ai pu me tromper, mais je n'ai eu deſſein de tromper perſonne. Je détaille par-tout les raiſons qui m'engagent à penſer comme je le fais, & ſi je ſuis tombé dans quelque erreur, je n'ai pas lieu d'en rougir, parce qu'il n'a pas dépendu de moi de m'en préſerver.

La hardieſſe n'eſt blâmable que quand elle naît de la préſomption, & qu'elle couvre des erreurs volontaires. Mon livre d'abord, & enſuite mon propre cœur, me rendent le témoignage que je n'ai été conduit en écrivant, ni par l'un ni par l'autre de ces deux motifs.

Je me fuis exprimé quelquefois avec force ; mais ceux qui fongeront qu'à mon âge furtout, la perfuafion produit néceffairement une efpece d'enthoufiafme ; ceux qui feront réflexion qu'il eft impoffible de débiter froidement ce que l'on croit être la vérité , fe révolteront moins contre la chaleur que j'ai pu mettre dans certains endroits où une conviction intime m'a fait parler.

M. le P. *de Montefquieu* , en publiant fon efprit des *loix* , demandoit qu'on ne jugeât point , par la lecture d'un moment , d'un travail de vingt années ;

il fupplioit qu'on ne s'en rap-
portât point à quelques phrafes
pour approuver & condamner
le livre, & qu'on voulût bien
le lire en entier. " Si l'on
„ veut chercher le deffein de
„ l'auteur, difoit-il, on ne
„ peut le bien découvrir que
„ dans le deffein de l'ouvrage. „

En demandant une grace fi
jufte, il trembloit qu'on ne la
lui refufât. Je la demande auffi :
mais me l'accordera-t-on ? c'eft
de quoi je doute avec bien
plus de raifon.

Le *public* traite avec douceur les productions légeres de
la frivolité ; il badine fans at-

tention avec les roses de la littérature, qui en parent un moment la surface, & qu'un même printemps voit éclore & se faner; mais il juge durement ces traités volumineux, publiés avec une apparence grave, qui semblent au moins, par leur masse & leur titre, avoir quelques prétentions à une existence plus durable. En se préparant à les lire, il compte toujours sur un ennui proportionné à leur grosseur, & il se venge d'avance de la fatigue qu'il redoute, par l'amertume avec laquelle il se permet de les censurer.

De là fuit une inconféquence finguliere : c'eft que plus un ouvrage eft court & fuperficiel, mieux il eft reçu ; plus il eft étendu & profond , moins il eft ménagé. On fe pique de bonté pour celui qui en a le moins befoin, & l'on eft impitoyable pour celui qui mériteroit le plus de complaifance. Plus la carriere eft épineufe & longue , moins on pardonne les faux pas.

Je ne fonge point à réformer à cet égard l'ufage établi , je prie feulement les lecteurs de fufpendre leur jugement jufqu'à ce qu'ils foient à la fin. Je

voudrois

voudrois bien pouvoir leur perfuader que mon ouvrage n'eft pas une brochure de toilette, & qu'un paffage pris au hafard, ni même un chapitre entier, ni même un extrait ne font pas fuffifants pour l'apprécier.

Je me fuis trouvé fouvent d'un avis contraire à celui du P. de *Montefquieu*, & ce n'eft pas ce qui m'a fait le moins d'ennemis. On croit communément que tout ce qui peut fe dire fur les loix a été épuifé par le livre fameux qui en développe l'efprit. Bien des gens fe perfuadent que fon auteur a atteint le but exclufivement

dans la carriere qu'il s'eſt ouverte. Ses partiſans ſemblent
vouloir aujourd'hui renouveller
la ſoumiſſion philoſophique des
éleves de *Pithagore* pour leur
maître, avec cette différence
que les uns ne donnoient
qu'entre eux force de loi au
fameux *Autos-Geha*, au lieu
qu'aujourd'hui c'eſt l'univers
entier que nos philoſophes voudroient ſubjuguer avec une parole du *maître*.

Il ne s'agit pas ici de ſou-
mettre cet étrange fanatiſme
à une longue diſcuſſion ; il n'eſt
pas queſtion d'examiner ſi la
gloire de M. de *Monteſquieu*

doit défeſpérer ſes ſucceſſeurs , ni ſi ſa réputation ſuffit pour interdire à jamais à tout autre l'entrée de la mine où il a travaillé. Il eſt aſſez inutile d'attaquer en regle le préjugé qui ſuppoſeroit qu'aucun des rameaux abondants ne lui eſt échappé , & qu'après lui on ne peut que ſe fatiguer infructueuſement à la ſuite des veines qu'il a , ou découvertes , ou abandonnées.

La meilleure réfutation qu'on en puiſſe faire , c'eſt de produire des eſſais riches , tirés des endroits mêmes où il a fouillé : peut-être eſt-ce ce que j'aurai le bonheur d'exécuter. Je l'avoue ; malgré l'estime bien fondée que l'on fait de son ouvrage, je suis très-convaincu que celui que je donne manque encore entiérement au public.

Dans la partie même que cet auteur célebre a embrassée, il a laissé une infinité de choses à dire, & presque autant à discuter. Beaucoup de gens l'admirent sans l'entendre, & peut-être sans l'avoir lu. Mais il s'en faut bien que ceux mêmes dont l'admiration est justifiée par une lecture réfléchie, soient obligés de ne rien chercher hors de son livre, ou

d'en adopter toutes les fentences.

Le premier mot de fon ou-
vrage eft une erreur, & une
erreur d'autant plus finguliere,
qu'elle fe trouve dans une définition. *Les loix*, fuivant lui,
*font, dans leur fens le plus
étendu, les rapports néceffaires
qui dérivent de la nature des
chofes* (f). En entreprenant
de développer l'*efprit des loix*,
il ne falloit pas débuter par
une méprife fur leur nature.

Elles occafionent des *rapports*; elles fervent à les pro-

____

(f) *Efprit des loix*, liv. 1, chap. 1.

H 3

duire : mais elles ne font pas ces *rapports*, comme la marche d'un homme n'eft pas la même chofe que fes jambes. Les loix procurent, indiquent les regles par lefquelles on agit; mais il ne faut pas les confondre avec l'action. Quelque être que l'on veuille fuppofer, dans quelque état qu'on le place, il n'a de relation avec un autre qu'en vertu de certaines loix; mais ces relations peuvent fe détruire, leur efpece peut changer fans que les loix ceffent d'exifter, ou qu'elles éprouvent en elles-mêmes aucune altération.

La loi d'un corps élaftique, par exemple, eft qu'il remonte auffi haut que le point d'où il eft tombé. Le rapport qui dérive de la nature des chofes n'eft pourtant pas, dans le fait, l'égalité entre l'action & la réaction : la pefanteur change tout.

Elle favorife la defcente & l'accélere ; elle s'oppofe à la montée, & la retarde. Ses loix ne font ni moins néceffaires, ni moins faciles à établir, que celles de l'élafticité. Cependant l'une trouble indifpenfablement le *rapport* que l'autre intro-duit : elles font toutes deux

H 4

bien diftinctes de ce rapport.

La définition de M. le préfident de Montefquieu n'eft
applicable ni aux loix générales, ni aux loix particulieres,
ni aux loix divines, ni aux
loix humaines. Dieu n'a pas
d'autres loix que lui-même &
fes perfections; mais ces rapports ne font ni lui ni fes perfections.

Il en a avec le monde en
tant qu'il l'a créé & qu'il le
conferve. Mettra-t-on ce rapport au rang des qualités qui
le conftituent ce qu'il eft, qui
font qu'il eft Dieu? En ce cas,
avant qu'il eût fait le monde,

il lui auroit manqué une partie de ſon exiſtence : il ſe ſeroit perfectionné lui-même ; il auroit pour ainſi dire complété ſon être, en créant la matiere, puiſque, ſi le rapport qu'il a avec elle eſt une de ſes loix, & que ſes loix ne ſoient pas diſtinguées de ſa nature, il faut de toute néceſſité qu'en acquérant un rapport, il ait acquis une perfection.

C'eſt la même choſe à l'égard des loix humaines : les confondre, les identifier avec leurs rapports, c'eſt ne pas diſtinguer l'effet de la cauſe : elles commandent, & c'eſt en obéiſ-

fant qu'on fe met dans le rapport qu'elles prefcrivent ; mais
fi l'on n'avoit pas obéi, elles
n'auroient pas moins comman-
dé , & le rapport , dérivant
de leur nature , n'exifteroit
pas.

Jamais la loi n'eft un rapport, & moins encore un rapport *néceffaire* ; autrement des
loix qu'on n'exécuteroit pas
feroient anéanties par cela
même qu'on ne fuivroit point
leurs difpofitions ; ce qui eft
abfolument infoutenable. Elles
continuent d'exifter malgré leur
impuiffance. Elles ne font pas
plus détruites quand on les

viole, qu'un homme n'eſt muet quand on lui a mis un bâillon dans la bouche : il ne peut pas exercer la faculté de parler, mais il ne l'a pas perdue. Dans tous les ſens, dans tous les cas, la définition de M. le préſident de Monteſquieu n'eſt donc pas recevable; & certainement il en eſt de même d'une infinité de ſes principes.

Il a écrit ſouvent avec une légéreté, une précipitation inexcuſables. Les exemples en fourmillent à chaque page de ſon livre : en voici quelques-uns pris au haſard.

Il prétend que la *majorité* s'accélere dans les pays *chauds*, & se retarde dans les pays *froids*; & en *Italie*, les hommes n'étoient majeurs qu'à vingt-cinq ans; dans le *Nord*, il remarque lui - même qu'ils l'étoient à quatorze ou quinze.

Il prétend que les ordres des despotes *Persans* ne pouvoient *être révoqués*, & que c'est pour cela qu'Assuérus, ayant condamné à mort toute la nation Juive, ne lui fit pas grace, mais lui permit de se défendre contre ses ennemis; & le livre d'Esther, seule source où il ait pu puiser ce fait, rapporte la lettre du roi de *Perſe* , où il déclare préciſé-ment qu'il donne des *ordres contraires aux premiers* , parce qu'il ſe prête aux circonſtan-ces.

Il ſoutient qu'il n'y a pas de loi *fondamentale* en Aſie , & il ajoute, preſque ſur le champ , que la nomination d'un viſir y eſt *une loi fondamentale.*

Il met en principe que l'*au-torité royale eſt un grand reſſort qui doit ſe mouvoir aiſément & ſans bruit* ; & la perfection de la monarchie , ſuivant tout ſon ouvrage , eſt de charger le prince d'entraves, de ne lui permettre de faire un pas que ſubordonnément aux loix.

Tout ſon livre eſt employé à tâcher de prouver que les adminiſtrations de l'*Aſie* ſont un enfer anticipé : il en exclud la vertu, la douceur, la bonté qu'il renvoie privativement aux *républiques* ou aux *monarchies* : & voici ſes propres termes, liv. 13, chap. 15 : `` Les ,, monarques de l'Aſie ne ,, font guere d'édits que ,, pour exempter chaque année ,, de tributs quelque province ,, de leur empire : *les manifeſ-* ,, *tations de leur volonté ſont*

„ *des bienfaits* : mais en Europe
„ les édits des princes affligent
„ même avant qu'on les ait
„ vus , parce qu'ils y parlent
„ toujours de leurs befoins , &
„ jamais des nôtres. „

Il confond ou il méconnoît les notions les plus courtes & les plus évidentes : ainfi , liv. 23 , chap. 29 , il avance dog-matiquement que *l'homme qui n'a aucun bien & qui travaille , eft auffi à fon aife que celui qui a cent écus de revenu fans tra-vail.* Il ne prend pas garde que jamais comparaifon n'a été plus fauffe. Cent écus de revenu font à peu près 16 f. par jour au propriétaire, quoi qu'il arrive, & il vit par là, fans inquiétude, les jours de fêtes, de maladie, &c. mais le journalier a beau avoir des bras, fi l'occafion de les employer lui manque, fi la religion les enchaîne, fi la fievre les affoiblit, il ne perçoit point fon prétendu revenu & meurt de faim.

Les traits de ce genre, je le répete, feroient innombrables. Ils doivent un peu ébranler la confiance que M. de *Montefquieu* infpire à fes partifans. Un écrivain fi peu exact ne peut guere être conféquent.

Les mêmes objets dont il

s'eſt occupé, ont produit une foule d'autres écrivains preſque auſſi révérés, quoiqu'infiniment moins lus, & certainement beaucoup moins dignes de l'être. Les *Bodins*, les *Grotius*, les *Pufendorff*, &c. ont une réputation preſque auſſi étendue, ſans qu'on ſache ſur quoi elle eſt appuyée.

Ils défrichoient, il eſt vrai, des terres nouvelles. Toutes les eſpeces de droits étoient dans la plus horrible confuſion, quand ils entreprirent de mettre un peu d'ordre dans quelques parties de ce chaos. Ce n'eſt pas qu'on n'eût écrit déjà plufieurs milliers d'in-folio pour le débrouiller. La *France*, l'*Italie*, l'*Allemagne* étoient pleines d'*univerfités* célebres où on l'étudioit; mais, par une fatalité plus déplorable qu'étonnante, la nuit partoit des chaires deftinées à ramener le jour. Les ténebres s'épaiffiffoient autour des mains confacrées à foutenir les flambeaux. Il eft fâcheux que les auteurs dont je parle aient fuivi la même méthode, en fe propofant de produire des effets tout contraires.

C'étoient de bien favants hommes fans contredit : mais

ce n'eſt pas ce qu'il y a de plus avantageux pour leurs ouvrages, ni de plus inſtructif pour leurs lecteurs. Le fameux livre de *Grotius* ſur le *droit de la guerre & de la paix*, par exemple, n'offre qu'une collection terrible de paſſages *Grecs*, *Latins*, *Hébreux*. C'eſt un amas d'érudition indigeſte & aſſommante, un tiſſu de diviſions, de ſubdiviſions inintelligibles.

Il ne prouve pas : il cite. Il ſe propoſe des queſtions, des difficultés : ce n'eſt point avec ſa raiſon qu'il travaille à les réſoudre ; c'eſt avec ſa mémoire.

On eſt trop heureux, quand, ſur un mot qui ne ſignifie rien, il ne rapporte qu'une douzaine d'autorités.

Il pouſſe même cette intempérance d'érudition juſqu'à un excès indécent. Tout lui eſt bon. *Homere*, *S. Auguſtin*, *Heſiode*, *S. Chryſoſtôme*, *Ovide*, *l'évangile*, le *ſacré*, le *profane*, il confond, il brouille tout. Il éclaircit les *peres* de l'égliſe, par les *poëtes* païens. Il explique un paſſage de *S. Jacques*, par des morceaux de *Tibulle*, de *Lucain* (*g*), & de beau-

____

(*g*) Voyez le traité *de jure belli ac pacis*, liv. 1, chap. 2, article 8, nombre 16.

coup d'autres interpretes auffi refpectables.

On peut faire à *Pufendorff* au moins les mêmes reproches qu'à *Grotius*, dont il combat fouvent les opinions. Il eft prefque auffi favant, & encore plus diffus. Dans un chapitre (*h*) intitulé *des devoirs qui concernent l'ufage de la parole*, il commence par employer quatre grandes pages à faire paffer en revue tous les fignes qui peuvent y fuppléer. " Il parle de „ l'aurore, du foleil, de la

---

(*h*) *Droit de la nature & des gens,* liv. 4, chap. 1.

,, fumée, des fanaux dont fe

,, fervit *Nauplius* après le fiege

,, de *Troies* pour faire périr les

,, *Grecs* qui avoient affaffiné

,, fon fils *Palamede*, de la cou-

,, tume des *Perfes*, des *Japo-*

,, *nois* & de beaucoup d'autres

,, peuples qui donnent des aver-

,, tiffements avec du *feu*, des

,, *cors-de-chaffe*, des *cloches*,

,, des *hallebardes*, du *lierre*,

,, des *tableaux*, ou des *enfei-*

,, *gnes.* ,,

Il remarque `` que *céder le*

,, *haut du pavé* à quelqu'un,

,, fe lever quand il entre ou

,, qu'il fort, lui faire la *révé-*

,, *rence*, lui *baifer* la main,

„ c'eft affez généralement un
„ figne de l'honneur qu'on lui
„ rend ; au lieu que d'ôter de-
„ vant lui fon *chapeau* ou fes
„ *fouliers*, lui donner des *na-*
„ *fardes*, ou lui *tirer la barbe*,
„ c'eft un figne équivoque qui
„ annonce en certains endroits
„ du refpect, & en d'autres
„ du mépris. „

Après cette obfervation judi-
cieufe, il difcute l'origine des
langues. Il copie vingt-fix vers
de *Lucrece* qu'il trouve ridicules, quoiqu'il foit très-difficile
d'en réfuter l'erreur, s'il eft vrai
qu'ils en contiennent une ; il fe
récrie fur l'art qui apprend à

parler aux fourds & muets ; il remonte à la tour de *Babel* & à la confufion des langues : il doute fi celle d'*Adam* fut d'abord parfaite , & capable d'exprimer toutes fortes d'idées. Il finit par affurer, ce qu'on n'auroit probablement jamais deviné fans lui, que la plupart des idiomes ont été dans le commencement très-pauvres, & qu'ils ne fe font enrichis qu'avec le temps.

Vous croyez bien que ce n'eft pas de lui-même qu'il a fait de fi belles découvertes. Sur ces objets fi intéreffants, fi relatifs *aux devoirs qui concernent l'ufage* l'usage de la parole, il cite Ariftote, Ifocrate, Pline, Sophocle, Quintilien, Garcilaffo de la Véga, Hyginus, le Digefte, Polibe, Cafaubon, Ferdinand Pinto, Tite-Live, Apulée, Lucien, M. de Sancy, Diodore de Sicile, Diogene Laerce, Vitruve, Platon, Horace, du Pleffis-Mornai : & les dix pages qui fuivent font auffi ennuyeufes, auffi dégoûtantes d'érudition, auffi éloignées du véritable objet que l'auteur paroiffoit s'être propofé de traiter.

Cette affectation de ne rien dire de foi-même annonce certainement peu de force dans

Tome I.   I

l'efprit, comme l'habitude de fe faire porter, prouve, ou fait foupçonner de la foibleffe dans les jambes. Cette attention à ne produire fes idées qu'avec une efcorte nombreufe de paffages en toutes langues, découvre combien l'auteur fe défie lui-même de leur jufteffe. Il accumule les autorités pour fubjuguer le lecteur qu'il fe fent incapable de convaincre.

Il imite ces tyrans qui ne foutiennent leur pouvoir, qu'en multipliant leurs fatellites, & n'infpirent du refpect pour leur perfonne, qu'en fe perdant au milieu des bataillons qui les entourent. Les bons rois, les souverains légitimes n'ont pas befoin de cette reffource embarraffante. Ils fe préfentent volontiers fans gardes. Ils méprifent, ils éludent tant qu'ils peuvent l'ufage qui leur impofe le devoir gênant de s'en laiffer accompagner.

Il en eft de même de la raifon & de la vérité. Elles marchent fans ce cortege ridicule de citations. Elles dédaignent ces rufes de l'erreur & de la médiocrité. Elles rejettent cet appareil fcientifique, ces amas d'opinions étrangeres, qui font d'autant plus inutiles, & plus révoltants que

les morceaux dont on les compofe, ayant prefque toujours
dans le texte original un fens,
ou une application différente
de celle qu'on leur donne dans
les livres où on les coud les
uns aux autres; il ne réfulte
du foin qu'on prend de les
compiler, qu'un affemblage in-
fipide, & une bigarrure infup-
portable.

C'eft ce que n'ont fenti ni
Grotius, ni *Pufendorff* : mais
ce n'eft pas tout : il femble
qu'ils fe foient perfuadés que
pour exceller dans l'art d'écrire,
il falloit commencer par pofer
des principes que perfonne ne
pût entendre. En cherchant à

être méthodiques, ils ne mettent aucune liaison dans leurs idées. En parlant toujours d'évidence, ils font fi obfcurs qu'ils font pitié à quiconque a un peu de netteté dans l'efprit. En voulant mettre de l'ordre dans leur marche, ils la furchargent de tant de tours & de détours, qu'il eft impoffible de les fuivre. Leurs premiers chapitres fur - tout, font des chaînes de logogriphes impénétrables. Ils y prodiguent ce que la métaphyfique & le langage de l'école ont de plus abfurde, de plus faux, ou de moins intelligible.

C'eft cette miférable fubtilité, cet art honteux d'étouffer le bon fens fous des multitudes de mots qui ne fignifient rien, qui a tenu fi long-temps la raifon captive, & retardé le progrès des fciences : c'eft cet abus déshonorant de la parole, qui eft à la fois la fource & l'aliment des querelles entre les favants. Elles naiffent & fe nourriffent fur un terrein fi propre à leur accroiffement. Ce font des infectes engendrés fur la furface des marais, qui fe perpétuent au milieu de cette boue qui les produit, au lieu qu'ils trouveroient la mort dans une eau pure & courante.

C'eft ainfi qu'on fe joue de

l'art d'écrire , & que par ce ridicule abus de la mémoire , on infulte à la patience des lecteurs. C'est ainfi qu'on parvient aifément à faire de gros livres , qui féduifent un fiecle ignorant , & confervent leur réputation dans des temps plus éclairés , par le moyen même qui devroit la leur faire perdre , par l'impoffibilité où font les gens fenfés de les lire.

Un efprit droit , accoutumé à faire ufage de fa raifon , fe trouve fubmergé , noyé , dès les premiers pas qu'il hafarde pour traverfer ces torrents fangeux de fcience & de citations. Il s'arrête fur le bord , ou s'en éloigne. Il se contente le plus souvent de mépriser, sans essayer de la détromper, la foule stupide qui, sur la foi de ces ancêtres, se plonge avec délices dans ces eaux bourbeuses, & ne se lasse pas d'en admirer la pureté.

Voilà pourquoi tant de livres qui n'exciteroient que le plus juste dédain s'ils paroissoient aujourd'hui, sont estimés & révérés, parce qu'ils ont eu le bonheur de naître bien des années avant nous. Nous faisons quelquefois justice de ceux de nos contemporains qui ambitionnent une réputation qu'ils ne méritent pas, & nous nous

mettons, fans examen, aux ge-
noux des anciens qui nous arrivent avec une réputation toute
faite. C'eft par le même principe qu'on détefte dans la fociété les parvenus qu'on a vu
s'enrichir par de mauvaifes
voies, tandis qu'on prodigue
les refpects aux enfants de ceux
qui, dans une autre génération, ont pris la même route
pour acquérir de la fortune.

Beaucoup de perfonnes ont
été & feront choquées de ma
hardieffe à fronder ainfi les
idées reçues. Plus les auteurs
dont je parle avec tant de franchife font eftimés, moins on
me pardonnera d'ofer révoquer

en doute leur mérite. Il y a des perſonnes qui ſe croient humiliées, même par les vérités qu'on leur découvre, ou qui redoutent l'embarras du choix. Elles ne peuvent ſouffrir qu'on les déſabuſe ſur des erreurs dont elles ne s'apperçoivent pas. Elles regardent comme un af-front, ou comme une fatigue, la néceſſité de réformer leurs ſentiments. La pareſſe ou l'orgueil leur fait prendre la dé-fenſe de l'auteur qui les a trom-pés, contre celui qui les dé-trompe. Ce ſont des malades puſillanimes, qui, cherchant à ſe faire illuſion ſur leur état, injurient le médecin, quand il leur apprend le danger.

Cette difpofition eft auffi commune qu'injufte. Il y a bien peu d'efprits qui ofent pefer les raifons, avant que de prendre un parti, & qui jugent d'un livre fur ce qu'il contient, plu-tôt que d'après fon ancienneté. Il y en a cependant : c'eft à ceux-là que je foumets le mien & ma critique.

Si les auteurs fur qui elle tombe vivoient encore, j'en parlerois avec ménagement. Je ne citerois que ce qu'ils au-roient dit de louable. J'enfe-velirois leurs fautes dans le filence. Si leurs ouvrages étoient abfolument mauvais, je me garderois bien d'en parler. Je ne les forcerois pas de joindre, au regret d'avoir mal fait, la douleur de voir que quelqu'un s'en apperçoit.

Mais ceux que je nomme font morts ; & quand on parle des morts, on ne leur doit que la vérité pour l'inftruction des vivants. C'eft fur-tout dans cette diftinction des temps, que confifte la différence effentielle qui fe trouve entre la fatire & la critique.

La premiere eft une vermine incommode qui fuit les tombeaux. Elle ne cherche que les corps animés qu'elle ronge & qu'elle tourmente. La fenfibilité dans ceux qu'elle attaque eſt un attrait qui la fixe. Elle vit de la douleur qu'elle cauſe, & s'éloigne de tout objet qui lui paroît incapable d'en éprouver l'impreſſion.

La ſeconde, au contraire, eſt un anatomiſte ſage qui tâche de trouver, dans les dépouilles de la mort, des reſſources pour diminuer les maux de la vie. Ce n'eſt que ſur des objets inſenſibles qu'elle fait des expériences utiles. Quand elle porte le ſcalpel ſur des cadavres, c'eſt pour le bien de leur poſtérité. Quand elle ſe permet d'analyſer les principes de leur conſtitution ; quand elle oſe essayer de découvrir dans leurs entrailles l'origine de leurs maladies, c'est pour se mettre en état d'en garantir un jour leurs enfants.

Il en est de même des écrivains. Quand un auteur combat avec force les sentiments d'un autre, pour savoir ce que vous devez penser de ses motifs, souvent même de son ouvrage, pour juger s'il mérite votre mépris ou votre estime, examinez en quel temps tous deux ont vécu. Les contemporains ne font pas toujours des satires : mais ceux qui ne le font pas, n'en font jamais ; & qu'y gagneroient-ils ?

THÉORIE

DES LOIX CIVILES,

O U

PRINCIPES FONDAMENTAUX

DE LA SOCIÉTÉ.

LIVRE PREMIER.

Des LOIX & de la JUSTICE en général : de leur origine & de leurs effets.

CHAPITRE PREMIER.

Pourquoi les loix sont nécessaires.

LA nature crie dans tous les cœurs ; elle montre à tous les yeux que les

hommes naissent libres & parfaite-
ment égaux. Elle leur donne à tous
indistinctement des bras pour se défendre, des sens pour prévoir les
dangers, ou pour découvrir leur
nourriture, des mains pour la saisir,
des organes pour perpétuer leur espece.

Chaque individu jouit sans la dépendance d'un autre des secours nécessaires pour sa conservation physi-
que. Excepté l'enfance, où la ten-
dresse des meres est obligée chez
nous, comme chez les autres animaux,
de suppléer à la foiblesse des petits,
il n'y a point sur la terre d'être plus
robuste, plus vivace, plus facile à
nourrir, plus exactement libre que
l'homme supposé dans son état pri-
mitif. Sa destinée dans cet état seroit de naître sans liens, de vivre
sans remords, & de mourir sans
effroi.

Il ne s'agit pas ici d'examiner s'il
a bien ou mal fait d'en sortir, s'il
auroit été le maître d'y rester, si l'on

peut penſer raiſonnablement qu'il s'y ſoit jamais trouvé.

Il n'y eſt plus : il ne ſauroit y rentrer. Les plaiſirs, les beſoins, les maladies, tous ces apanages funeſtes de ſa condition actuelle le retiennent dans la ſociété de ſes pareils, & le ſoumettent à toutes les eſpeces de ſujétions qu'elle produit. Il ne peut plus s'en écarter ſans périr. Peut-être y trouve-t-il quelques reſſources que ſa ſituation préſente lui rend néceſſaires : mais il les paie bien par le ſacrifice qu'il fait de ſon innocence & de ſa liberté.

Dès qu'il ouvre les yeux, on le lie à cette chaîne immenſe qu'on appelle ſociété. On ſe hâte de l'y incorporer ſous prétexte qu'il en doit un jour compoſer un des anneaux. On lui fait contracter des obligations qu'il ne peut encore ni connoître, ni pratiquer. C'eſt à ce prix qu'on lui aſſigne un rang ſur la terre qu'il arroſe déjà de ſes larmes. Du fond de ſon berceau où il eſt garroté, ſes premiers regards tombent fur des êtres femblables à lui, qui, tous chargés de fers, fe félicitent de voir un compagnon prêt à partager leur efclavage.

Il eft vrai que l'habitude change dans la fuite cette opération forcée en un attachement volontaire. L'éducation vient étouffer la voix de la nature. Elle façonne le cœur & le maintien d'un enfant. Il s'accoutume à fuivre fans répugnance des mouvements qui ne font pas les fiens, à fe laiffer emporter par une agitation générale à laquelle il n'a pas contribué.

Quand même à l'âge où la raifon fe développe il feroit avec amertume quelques réflexions fur ce qu'il a perdu ; quant à l'afpect de cet appareil étranger qui ôte à l'homme policé une partie de fes forces réelles, fous prétexte de lui affurer l'ufage de celles des autres, il lui prendroit envie de fuir dans la folitude, pour y chercher l'innocence & la liberté qui s'y cachent, il verroit bientôt l'impossibilité de réaliser un tel projet.

Dès qu'il est seul, tout lui retrace sa foiblesse & sa misere. Il sent la nécessité de rester dans le troupeau, s'il ne veut être dévoré par les ennemis qui l'entourent. Inutilement diroit-il que les bergers mêmes, à qui la garde des brebis est confiée, sont quelquefois presque aussi redoutables pour elles que les loups dont ils doivent les défendre. Ce malheur est sans remede, & c'est en vain qu'il tâcheroit de s'y souftraire.

Ses bras affoiblis, énervés par l'éducation, ne peuvent plus le garantir de la fureur des bêtes farouches. Ses mains amollies par les arts ne peuvent plus le porter au haut des arbres pour y aller chercher la subsistance que la nature lui a préparée. Son corps dégradé par l'usage de se vêtir est devenu sensible aux moindres injures de l'air. Le chaud le brûle, le froid le morfond, la pluie le pénetre, malgré les tiffus artificiels dont il veut, en quelque forte, fe faire une nouvelle peau. En travaillant à écarter de lui la douleur, il s'eft affuré mille moyens d'en reffentir l'impreffion. Il s'eft mis abfolument hors d'état d'y réfifter, & plus encore d'aller la braver.

Son ame n'a pas fouffert une moindre altération. Il n'eft plus capable de fupporter la folitude, ni de s'y fuffire à lui-même. Il lui faut des appuis & des confolations. Il eft devenu craintif & pufillanime. Au lieu de jouir du préfent qui eft à lui, il ne fait que fe défefpérer du paffé qui ne lui appartient plus, & s'inquiéter de l'avenir dont il ne difpofe pas encore. Les regrets le déchirent, la curiofité le tourmente. L'agitation qu'il éprouve le ramene auprès de fes femblables, par le moyen de qui il fe flatte de la foulager.

Il communique fes craintes & fes efpérances. Il attend des fecours : il en demande. Malgré l'expérience cruelle & réitérée qu'il fait tous les jours de l'infenfibilité des prétendus amis qu'il follicite, je ne fais quelle habitude aveugle l'enchaîne auprès d'eux. Il femble que la fociété lui devienne néceffaire en proportion des maux qu'elle lui caufe. Il s'y attache à mefure que les raifons de la fuir deviennent plus preffantes; comme dans un bâtiment qui croule, les malheureux entraînés par fa chûte, ferrent avec plus de force, en tombant, les débris mêmes qui vont les écrafer.

D'ailleurs où feroit aujourd'hui fa retraite? En trouveroit-il une, quand il auroit affez de vigueur & de courage pour la defirer? L'avarice & la violence ont ufurpé la terre. Elles font convenues de n'en accorder la poffeffion qu'à ceux qui auroient pris leur attache. Il n'y refte pas le moindre recoin pour fervir d'afyle à quiconque ne fauroit produire de patentes de ces deux tyrans.

Dans nos pays policés, tous les

éléments font efclaves. Ils ont des
maîtres de qui il faut acheter la per-
miffion d'en faire ufage. Le champ
le plus inculte dépend d'un defpote
qui peut faire un crime au voyageur
d'ofer y refpirer l'air.

Voyez cette fource qui fe préci-
pite, en murmurant, du haut d'une
colline : c'eft qu'elle cherche à s'échapper des mains du propriétaire qui la
tyrannife. A qui croyez-vous que font
réfervées ces herbes bienfaifantes
dont la nature a tapiffé le pied des
forêts ? A qui penfez-vous qu'appartiennent ces branches pourries dont
le vent y a jonché la terre ? Ne vous
imaginez pas qu'elles foient abandonnées au befoin qui les convoite
de loin avec des yeux baignés de
larmes. L'opulence l'écarte avec infulte. Les tentatives qu'il hafarde pour
éluder fes précautions, trouvent toujours des délateurs prêts à les dénon-
cer, & des vengeurs difpofés à les
punir.

C'eft ainfi que toute la nature captive a cessé d'offrir à ses enfants des ressources faciles pour le soutien de leur vie. Il faut payer ses bienfaits par des fatigues assidues, & ses présents par des travaux opiniâtres. Le riche qui s'en est attribué la possession exclusive, ne consent qu'à ce prix à en remettre en commun la plus petite portion. Pour être admis à partager ses trésors, il faut s'employer à les augmenter.

Ses soupçons toujours dirigés contre le pauvre qu'il dépouille, lui font regarder l'indépendance comme un attentat, & la liberté comme une révolte. Il dit hautement que le droit de penser n'appartient qu'à lui. Il s'applique à écraser continuellement l'indigence, de peur qu'en se relevant elle ne soit tentée de faire de ses forces un autre usage que celui qu'il en exige. Il imite envers elle la politique des *Egyptiens* avec les enfants de *Jacob*. Il la surcharge de travaux, pour lui ôter même le temps de songer à son infortune.

Malheur à l'homme fier & robuste, qui dédaignant l'avilissement de la société, & consentant à ne rien tirer d'elle, iroit reprendre dans les lieux les plus sauvages l'ancienne dignité de son espece. Il y seroit bientôt poursuivi par ses semblables mêmes qui se font un jeu d'en aller massacrer les habitants. Son sort le plus doux seroit de se voir ramené comme une bête rare vers les villes qu'il auroit fuies, d'y être exposé en spectacle par l'avarice, & d'y servir de jouet à la curiosité.

Il faut donc renoncer à ces chimeres de liberté, d'indépendance. Il faut déformais conformer sa conduite aux principes des conventions civiles. Ce n'est plus que par elles qu'on peut conserver ses jouissances ou en acquérir. C'est une nécessité de se livrer à l'esprit d'intérêt, de se résoudre, par le plus pressant de tous les motifs, à combattre contre l'intérêt du reste des hommes animé par le même principe.

De

De là naissent des projets opposés,
des manœuvres secretes, des violences ouvertes. On ne sauroit entrer
dans un chemin qu'on ne s'y sente
pressé entre une foule de concurrents,
qui tous travaillent à s'en écarter les
uns les autres. Il en résulteroit bientôt des combats sanglants, si la politique ne venoit jeter entre les hommes
la *justice* & les *loix*, comme on sépare
deux essaims acharnés en leur lançant
un peu d'eau & de poussiere.

CHAPITRE II.

Des différents systêmes imaginés sur l'origine des loix & de la société.

LES *loix* sont la défense intimée à tout individu de toucher à ce qui appartient à un autre, sans le consentement du premier possesseur. C'est ce qui constitue la *propriété*. La *justice* est tout à la fois l'opinion qui rend cette défense respectable, & le pouvoir par lequel quiconque oseroit céder à l'envie de l'enfreindre, seroit forcé de la respecter. Ce sont là les deux grands ressorts de l'ordre social.

On demande comment cet ordre a pu s'introduire dans le monde, comment des êtres nés indépendants & isolés ont pu, ou concevoir le projet d'assujettir leurs pareils, ou se prêter à une sujétion qui leur en-

levoit l'ufage de toutes leurs facultés.
Je dois répondre avant tout à cette
queftion. C'eft dans la folution de
cette efpece d'énigme que l'on trouve
l'origine des conventions, ou de l'état
focial qui feroit incompréhenfible fans
cela.

De tous les écrivains qui ont ha-
fardé des écrits fur la politique, il
n'y en a aucun qui n'ait rédigé fon
fyftême fur la formation primitive
de la *fociété*. L'imagination s'eft tout
permis fur ce fujet, dont il ne refte
pas de monuments capables de la
captiver. Elle a peu confulté la raifon qui, feule, auroit pu la guider
avec quelque certitude : mais la raifon femble ne préfenter que des vérités triftes, & prefque tous les hommes
leur préferent des chimeres brillan-
tes.

Les uns ont attribué l'origine de la
fociété à la crainte, d'autres à l'ambition : les uns l'ont vu naître de la
violence, d'autres de la liberté : d'autres ont cru la voir fortir du fein

même de la nature, & fe font perfuadés que les enfants avoient été les
premiers individus affujettis. Le P. de
Montefquieu lui donne l'amour & la
timidité pour parents.

La premiere loi naturelle, fuivant
cet auteur, pour les hommes, c'eft
de trembler : la feconde, c'eft d'être
porté à fe rapprocher par les marques
d'une crainte réciproque : la troifieme,
c'eft le charme que les deux fexes
s'infpirent par leur différence, & la
priere qu'ils fe font toujours l'un à
l'autre. De ces trois prétendues loix
naturelles, il n'y en a pas une qui
ne foit au moins douteufe.

La poltronnerie n'eft point naturelle
à l'homme. Les relations des voyageurs ne font pas fuffifantes pour
établir ainfi la dégradation de notre
efpece. L'exemple des hommes fauvages, découverts dans les pays éloi-
gnés, n'eft pas convaincant parce
qu'il n'eft pas fûr. Celui d'un autre
fauvage trouvé dans les forêts de
Hanovre, & préfenté à *Georges I*,

dont M. le préfident de *Montefquieu* s'appuie, ne femble pas avoir beaucoup plus de force, quoiqu'il foit moins problématique.

Cet homme fuyoit; mais qui fuyoit-il? Des troupes de payfans qui abattoient à grand bruit les arbres de fa retraite, des chaffeurs qui en troubloient le repos avec encore plus de fracas. Il fuyoit des hommes habillés, armés, dont il ne pouvoit diftinguer l'efpece fous les vêtements qui les lui cachoient. Il fuyoit les cris que fa vue excitoit, les coups de fufil qui avoient peut-être frappé plus d'une fois fon oreille, & qu'il avoit vu partir des mains de ces êtres bizarres, qu'il ne pouvoit reconnoître pour fes femblables.

Confondant comme les *Houyms* du docteur *Suift*, l'habillement avec la perfonne, il devoit leur croire la peau ou bleue, ou jaune, ou grife. La fienne étant blanche, il ne lui étoit pas poffible d'y trouver aucun rapport, non plus que dans toute la configuration extérieure, avec celle de ces objets dont il évitoit la rencontre.

Mais hors de leur vue, dans une forêt tranquille, loin des cognées & des carabines, loin des hurlements des traqueurs & du tonnerre des cors-de-chasse, ce même homme devoit être dans la plus parfaite sécurité. Qu'auroit-il pu craindre, tant que ses yeux ne lui auroient offert que des êtres nus comme lui, & isolés comme lui ? Loin qu'un homme pareil ne sentît que sa foiblesse, il est bien plus probable qu'il ne sentiroit que sa force. La crainte est encore moins naturelle que la hardiesse à qui ne connoît rien, & la curiosité est la premiere, & presque la seule passion de l'ignorance.

C'est la société qui dégrade nos corps & nos ames : c'est elle qui nous apprend à compter en toute occasion sur l'assistance d'autrui, à crier au secours quand on nous attaque, au lieu de nous défendre : c'est elle qui nous

prive de nos reſſources naturelles, &
la timidité que nous cauſe la ſolitu-
de, vient de l'habitude de n'être pas
ſeuls.

Le ſinge inférieur à l'homme en
tout ſens, même pour les qualités
corporelles, n'eſt point un animal
timide. C'eſt l'amour de la liberté &
non pas l'effroi qui le chaſſe dans les
déſerts. Il prouve aſſez quand il en
ſort, ou par la maniere dont il ſe conduit, quand il y reſte, que s'il eſt
ſuſceptible de la frayeur, c'eſt lorſque
la cauſe en eſt aſſez forte pour la juſ-
tifier.

Il n'exiſteroit donc pour l'homme
dans cet état, aucun motif de cette
crainte habituelle qu'on lui impute.
Mais quand le principe de M. de
Monteſquieu, à cet égard, ſeroit
vrai, quand on ſuppoſeroit le cœur
du ſauvage reſſerré à chaque inſtant
par la crainte, qu'en réſulteroit-il ?
Que jamais il ne s'approchera de ſes
pareils, ou qu'à la moindre apparence d'un objet étranger, chacun

s'éloignant de fon côté avec la même vîteffe, tous refteront toujours à une diftance, qui fera le plus invincible des obftacles à l'établiffement de la fociété.

Les marques d'une crainte réciproque, ajoute M. de *Montefquieu*, *les engageroient bientôt à s'approcher* (a). Il eft difficile de concevoir que de trembler tous deux foit un moyen pour fe raffurer, & qu'un être timide fe croie plus fort dans la compagnie d'un fecond qu'il voit effrayé comme lui. Il y a des fentiments qui rapprochent ceux qui les éprouvent : mais néceffairement la crainte écarte les uns des autres, tous les individus fur lefquels elle agit. Elle emporte l'idée de la foibleffe qui exclud celle de la protection ; & cette derniere eft pourtant feule capable d'unir des gens qui ont peur.

Et quant à la prétendue priere

____

(a) *Efprit des loix*, chap.

que fe font toujours, fuivant M. de *Montefquieu*, un mâle & une femelle, je ne fais fi ce mot de priere exprime bien ce qu'il fignifie ici. Je doute que les entreprifes d'un fauvage robufte, & preffé de s'expliquer, foient précédées par des préliminaires bien humbles. Au refte, fans difputer fur les termes, je vois clairement dans fon action, une raifon pour motiver l'approche de la femelle & du mâle ; mais j'en apperçois une encore plus forte, pour détruire toute affociation entre celui-ci & fes femblables.

La rivalité naît de la jouiffance. Le fruit de cette prétendue troifieme loi naturelle feroit la ruine infaillible de la premiere. La crainte difparoîtroit aux cris de l'amour, & la paix feroit place aux combats. L'établiffement de la fociété n'en feroit donc que plus reculé. L'homme enhardi par fes defirs n'en feroit pas plus fociable, que quand il étoit lié par fon effroi. Ces deux états nous pré-

fentent bien des motifs d'éloignement
& pas un de liaifon.

Il eft bien étonnant que des efprits
éclairés fe foient ainfi fatigués à aller
chercher loin d'eux une explication
que l'expérience journaliere leur four-
niffoit. Toute caufe reffemble à fes
effets, & quand on connoît ceux-ci
il n'eft pas difficile de remonter à
celle-là. Pour favoir comment la fociété s'eft formée, il ne falloit que
réfléchir fur la maniere dont elle fe
foutient : pour deviner comment elle
s'eft établie, il n'étoit befoin que
d'obferver ce qui s'y paffe.

Quel eft le but de tous fes membres ? c'eft de multiplier leurs jouiffances ? Aux dépens de qui exécu-
tent-ils le projet qui vit dans tous
les cœurs ? aux dépens des plus foibles ou des moins adroits ? Ces poffeffions du plus fort & du plus habile
ne s'accroiffent que des portions qu'il
enleve à ceux qui ont moins de vigueur
ou d'induftrie.

La violence, il eft vrai, eft bannie

aujourd'hui de particuliers à particuliers ; mais il n'y a point encore d'autre moyen d'augmentation d'empire à empire : les conquérants se disputent la propriété des hommes autant que celles des terres qu'ils cultivent : le guerrier hardi qui communément est pauvre, & par cela même intrépide, finit toujours par subjuguer le cultivateur opulent, ou le commerçant laborieux, qui sont mous & efféminés parce qu'ils ont des trésors à perdre. Voilà précisément ce qui est arrivé dès le commencement des siecles, & ce qui a produit la société.

CHAPITRE III.

De la véritable origine de la société.

Tous les monuments anciens, tant sacrés que profanes, nous montrent le genre humain divisé dès l'origine en deux portions. Nous trouvons toujours des pasteurs paisibles qui vivent de lait, ou des chasseurs violents qui se nourrissent de la chair & du sang.

Quelle qu'ait été l'époque de l'art d'apprivoiser les troupeaux, il est sûr que ses premiers inventeurs ont dû songer à en recueillir le fruit exclusivement. Plus leur découverte étoit précieuse, plus il étoit naturel qu'ils voulussent en profiter seuls. Plus l'abondance qui suivoit ces familles industrieuses étoit douce, plus elles devoient se proposer de la concentrer autour d'elles.

Il leur étoit permis de regarder l'avarice comme une vertu, & les partages comme une perte. Chacune dut donc se séparer. Chacune alla s'établir dans les endroits les plus propres à l'exercice des nouveaux talents que l'expérience lui avoit procurés.

Les vallées fertilisées ordinairement par des rivieres ou des ruisseaux, couvertes d'herbes salutaires, dérobées à la vue par des montagnes, offroient un asyle commode pour ces êtres malheureux à qui un commencement de richesses rendoit déjà leurs pareils redoutables. Ils alloient y cacher leur inquiétude & leurs secrets. Les deux principaux sentiments dont ils devoient être affectés, étoient le plaisir de jouir de leur nouvelle aisance, & la crainte de la perdre. Ces deux-là en produisoient un troisieme, l'amour de la solitude, la répugnance à publier un bonheur que les témoins auroient pu être tentés de troubler.

L'amour - propre, développé en même temps que cette propriété incertaine, les rendoit, non pas encore ennemis des individus de leur efpece, mais très - attentifs à ne pas laiffer pénétrer les avantages dont ils jouiffoient dans leur retraite. S'il fe trouvoit parmi eux quelque apparence de fociété, elle n'exiftoit tout au plus qu'entre les enfants d'un même pere, avant qu'ils euffent eux-mêmes produit une génération nouvelle ; & leur tranquillité ne fut pas d'affez longue durée, pour leur donner lieu de former une affociation plus étendue.

Tandis qu'un commencement de lumieres rendoit déjà une partie du genre humain malheureufe, & que le principe des fciences annonçoit en naiffant les maux qu'il devoit produire par fon développement : tandis que la crainte excluoit du monde les premiers propriétaires, qu'elle les obligeoit de renoncer au domaine univerfel, pour fe renfermer dans de

petites poffeflions bornées, & fujettes
à mille accidents ; loin d'eux fe for-
moit infenfiblement la fociété qu'ils
redoutoient, & qui devoit bientôt
s'accroître, s'affermir à leurs dépens.
La liberté forgeoit leurs chaînes, &
l'indépendance préparoit leur affu-
jettiffement.

Au milieu des plaines couvertes de
bois, que les agriculteurs avoient
abandonnées, fur le fommet des
montagnes qui couvroient leurs habi-
tations, fe raffembloit une autre efpece d'hommes, qui les confidéroit
avec des yeux jaloux. C'étoient les
inventeurs de l'arc & de la fleche,
des chaffeurs accoutumés à vivre de
fang, à fe réunir par bandes, pour
furprendre & terraffer plus aifément
les bêtes dont ils fe nourriffoient, &
à fe concerter pour en partager les
dépouilles.

On fera furpris, je le fens, que
j'ofe repréfenter les pafteurs pacifi-
ques, cherchant la folitude, & les
chaffeurs fanguinaires, aimant à fe

joindre avec leurs pareils, à se trouver plusieurs ensemble. C'est aller
contre l'opinion commune : c'est choquer les idées reçues : mais ce n'est
pas ma faute, si cette opinion, toute
commune qu'elle est, est destituée
de vraisemblance & de vérité. Qu'on
jette les yeux sur la façon de vivre
de ces deux divisions primitives du
genre humain, on verra laquelle put
plus aisément se passer de secours,
laquelle eut plus de raisons pour
aimer la retraite, & pour éviter la
foule.

Le pasteur, quand une fois il a ras-
semblé un troupeau, suffit seul pour
le conduire & le soigner. La nature
lui fournit les paturages. Il n'a besoin
que de les choisir & d'y mener ces
provisions vivantes, qui, au lieu de
le fuir, s'empressent de rechercher sa
main. Il doit donc en être avare, du
moment qu'il en a éprouvé l'utilité.
Après être devenu laborieux par besoin, il deviendra économe par pa-
resse. Il cachera son trésor avec plus

de foin, que les écureuils & les hé-
riffons ne dérobent à la vue leurs
magafins, parce qu'il lui aura plus
coûté. L'appréhenfion que des êtres
mêmes de fon efpece ne viennent le
partager avec lui, l'engagera à les
fuir tous, comme des ennemis dont il
fe défie.

Le chaffeur au contraire, s'il n'a
pas d'affiftance, manquera très-fouvent fa proie. Il faut qu'il implore
du fecours pour s'en rendre maître.
Quand elle eft abattue, il ne fauroit
fonger à en éluder le partage. Les
mains qui l'ont aidé, fe paient par
elles-mêmes de la peine qu'elles ont
prife. D'ailleurs il fait qu'en pareil
cas, il pourra jouir du même privilege, & que, s'il n'a aujourd'hui qu'une
portion du butin qui vient d'être pris,
il fera appelié à la diftribution de
celui qu'il aidera à faire prendre le
lendemain.

Il ne voit donc dans fes affociés que
des compagnons utiles, tandis que
l'agriculteur craindroit de trouver

dans les fiens des ravifleurs impitoyables. Celui-ci doit donc fuir fes pareils, & l'autre les rechercher. C'eft ce qui fe remarque même chez les animaux, dont une partie vit également de carnage, & l'autre des productions de la terre.

Ceux que nous appellons domeftiques & fociables ne forment pourtant aucune forte de fociété. Ils ne tirent de leur préfence réciproque que l'agrément de n'être pas feuls. Il ne leur en revient aucun avantage réel. Ils ne cherchent pas à s'éviter, parce qu'ils n'ont rien à s'enlever ; mais ils ne s'aident pas non plus. Tout ce qu'ils paroiffent fe propofer quand ils fe mettent par troupes, c'eft le plaifir ftupide de compofer une bande nombreufe.

Les renards, les loups, les chiens fauvages, au contraire, forment entre eux des efpeces de fociétés, dont tous les membres agiffent pour l'intérêt général, quoique fe conduifant chacun par la vue d'un intérêt particulier. Perfonne n'ignore avec quelle adreffe ces animaux fe concertent, pour faire tomber le gibier dans les embufcades qu'ils lui dreffent. Une intelligence parfaite dirige leurs démarches, quand ils veulent s'affurer de la proie, & une fidélité exacte préfide à fa diftribution.

Cet exemple feul vaut une longue démonftration. Il doit rendre bien fenfible le principe qui m'a fait avancer que la confédération primitive a eu lieu parmi les chaffeurs, plutôt que parmi les autres hommes. Ce n'eft ni la crainte, ni la réflexion qui l'ont produit : c'eft le befoin, c'eft cet éclair de raifon qui, dans le cœur du vrai fauvage, avant que d'avoir été développé par la fociété, ne doit pas être fupérieur à l'inftinct des animaux, & en tient la place.

Cette liaifon n'étoit point durable. Elle n'emportoit ni reconnoiffance, ni foumiffion. Elle n'impofoit que des devoirs momentanés. Pour la contracter, il n'avoit fallu ni engagements, ni conditions préliminaires. La faim en étoit la feule négocia-trice. Tout homme qui fe trouvoit de l'appétit, pouvoit la propofer, & qui-conque, ayant l'eftomac rempli, ne fe fentoit pas de raifon fuffifante pour l'accepter, étoit le maître de s'y re-fufer. Ainfi jufque - là le genre hu-main reftoit partagé en deux portions, l'une jaloufe de fon indépendance, l'autre peu curieufe d'attaquer celle des autres.

L'égalité étoit encore parfaite. Mais pour la détruire, il ne falloit qu'un hafard. Pour faire pencher la balance, il fuffifoit d'une chaffe malheureufe. La façon de vivre des uns les expofoit fouvent à la difette : celle des autres les entretenoit dans l'abondance. Il étoit impoffible que tôt ou tard cette différence n'occafionât un combat, & l'on en devine déjà les fuites.

Une de ces meutes féroces que nous avons défignées fous le nom d'*hommes chaffeurs*, pafla, après une battue inutile, à la vue des troupeaux apprivoifés, qui environnoient une des familles dont nous venons de parler. Elle ne dut pas les appercevoir fans envie. La faim excitée par l'afpect des objets propres à la fatisfaire, lui fit regarder cette féparation particuliere comme une infraction du droit naturel, ou, fi l'on veut, comme une occafion dont il étoit bon de profiter.

Tous ceux qui la compofoient fondirent fur ces troupeaux, que le propriétaire éperdu ne pouvoit pas même fonger à défendre. Ils les maffacrerent fans oppofition, & les dévorerent fans remords. Ainfi, par un exemple toujours renouvellé depuis, la richeffe fe trouva dès-lors trop foible contre l'indigence, & ceux qui poffédoient tout furent dès le commencement dépouillés par ceux qui n'avoient rien.

CHAPITRE IV.

Comment le développement de la société a nécessité celui des loix.

CETTE invasion fut le moment fatal à la tempérance des uns, & à la liberté des autres. Ces dépouilles sanglantes devinrent pour les ravisseurs le fruit funeste qui leur dessilla les yeux, & les fit rougir de leur ignorance. En contemplant le produit de l'injustice, ils se familiariserent avec elle. Le sang dont ils se rassasioient, eut pour eux la même vertu que celui de ce *centaure* qui empoisonna *Hercule.*

Il alluma dans leurs veines une soif que rien ne put éteindre : il y mit les passions en mouvement : il les développa, comme ces liqueurs ardentes, qui enflamment les matieres combustibles, sur lesquelles on les verse. De leur choc, de la fermentation qui en fut la suite, naquit une lumiere affreuse qui fit diftinguer les charmes de la tyrannie à ces hommes groffiers qui ne la connoiffoient point, & les éclaira fur les moyens de l'établir.

En dévorant leur proie, les levres & les mains encore teintes de fang, en portant à leur bouche ces entrailles palpitantes, ils vinrent à réfléchir fur l'agrément qu'il y auroit à trouver tous les jours une fubfiftance auffi commode. Ils comparoient les dangers & la fatigue de la chaffe aux bêtes rufées ou cruelles, avec la facilité d'en faifir à chaque inftant quelqu'une de celles qu'ils voyoient fi douces & fi apprivoifées. Ils en vinrent à fe trouver malheureux dans leur état préfent, & à defirer d'en fortir.

Cette idée auroit dû les conduire à apprendre eux-mêmes l'art dont ils fentoient l'utilité. Elle devoit les difpofer à s'affocier à des travaux dont les fruits leur paroiffoient fi doux,

Mais l'ignorance & la pareffe, naturelles à l'homme, ne leur permirent
point d'en former le projet. Ils en
imaginerent un beaucoup plus facile,
& l'exécuterent.

Aprés avoir égorgé une partie du
troupeau, ils trouverent plus fimple
de s'en approprier le refte. Pour
s'épargner tout embarras, ils en laif-
ferent la garde à celui dont l'induftrie
l'avoit créé. Ils le chargerent de con-
tinuer à le nourrir & à le faire multiplier, en lui annonçant feulement
qu'ils s'en réfervoient la propriété,
& en lui permettant d'en tirer aufli
fa nourriture, pourvu que fa part ne
fît point de tort à la leur.

Ce malheureux enchaîné par l'amour
de l'habitation qu'il avoit vu naître,
amolli par l'habitude d'une vie douce,
effrayé par le nombre, intimidé par la
vue des armes, fe foumit à des conditions qu'il n'ofoit refufer. De propriétaire il confentit à devenir fermier. Il crut ne pas tout perdre en
confervant l'infpection & l'ufage de
                                    fes

ſes troupeaux. Il ſe trouva moins à
plaindre dans ſa chûte, puiſqu'il reſ-
toit encore au milieu des compagnons
de ſon ancienne liberté.

Ce ne fut peut-être pas ſans verſer
des larmes, qu'il les conduiſit à la
pâture les premiers jours qui ſuivirent
ſon accident. Il ne put, ſans doute,
les contempler ſans douleur, ni penſer ſans attendriſſement qu'ils avoient
changé de deſtination, comme lui
d'état. Mais peu à peu l'habitude en-
durcit ſon cœur. La néceſſité aiguil-
lonna ſon induſtrie. Il s'accoutuma à
recevoir des ordres ſans répugnance ;
& ſes progrès dans ſon art lui cache-
rent ceux de ſon aſſujettiſſement, ou
l'en conſolerent.

Ce fut ainſi que l'état de laboureur
& de berger devint, même avant la
ſeconde génération, un état de ſervi-
tude. La plus ancienne de toutes les
loix fut celle qui affermit la dépendance la plus humiliante. La premiere
apparence de ſociété qui ſe forma ſur
la terre, y fit voir le deſpotiſme &

la baſſeſſe, des maîtres impérieux & un eſclave tremblant.

Celui-ci eut bientôt des compagnons, comme on peut le croire. Ceux qui profitoient de ſon travail ſentirent que, pour le rendre plus fructueux, il falloit lui donner des aides. Ils en chercherent dans les lieux ſembla-bles à celui où ils l'avoient trouvé lui-même. Dorénavant, au lieu de ſe fatiguer à la chaſſe des bêtes ſauva-ges, ils n'allerent plus qu'à celle des hommes qui ſavoient les apprivoiſer. Ils en raſſemblerent autant qu'ils le purent dans des lieux où il ne leur étoit pas facile de s'échapper.

Pour aſſurer mieux leur dégrada-tion, ils leur interdirent l'uſage des armes. Ils ſe chargerent de les dé-fendre contre les inſultes des animaux féroces. Imitant le chat-huant de la fable, qui nourriſſoit dans un tronc d'arbre des ſouris eſtropiées pour les dévorer un jour, ces brigands avides veillerent à écarter tous les dangers des familles déshonorées & captives dont ils regardoient l'exiſtence même comme leur bien.

Cette opération réitérée dans tous les endroits où il ſe trouvoit des créatures humaines, occaſiona différentes peuplades, des colonies plus ou moins conſidérables, où le grand nombre continua d'être ſubordonné au petit, où la force ſe conſerva le droit de dévorer le fruit des travaux de la foibleſſe. De là naquirent, comme on voit, les véritables obligations de la ſociété, dont tous les devoirs peuvent ſe rapporter à deux points, commander & obéir.

CHAPITRE V.

Esprit des premieres loix.

JUSQUE-LA il n'avoit point fallu de loix dans le monde. Au moins il n'en avoit point fallu d'autres que celles qui s'obfervent, comme nous l'avons dit, entre les loups & les renards, quand ils font parvenus à s'emparer en commun d'un mouton ou d'un lapin. Une convention tacite donnoit à chaque chaffeur la part qui lui revenoit dans la prife. La pourfuivre, l'atteindre, la déchirer, voilà à peu près à quoi fe bornoient toutes les fonctions fociales, ce qui ne compofoit pas un code fort étendu.

Mais quand les douceurs attachées à la propriété eurent fait faire des réflexions fur les moyens de la conferver, quand la défiance contre les nouveaux fujets eut rendu les defpo-

tes plus ingénieux & plus adroits,
quand la premiere violence eut une
fois donné une fecouffe à l'efprit humain, fes progrès furent auffi rapides
que fon engourdiffement avoit été
long. Chaque nouveau pas néceffitoit
des lumieres, & les procuroit. Les
hommes alloient de connoiffance en
connoiffance, comme ces voyageurs
qui, en avançant fur une montagne,
voient l'horizon s'étendre & fe reculer pour eux, à mefure qu'ils appro-
chent du fommet.

Dans les premiers moments la propriété avoit pu refter commune fans
danger. Mais en augmentant, elle
devenoit onéreufe. On fentit bientôt
la néceffité de la reftreindre pour
l'affermir. La quantité des rapports fe
multiplioit avec les poffeffions. La
différence des goûts, celle des hu-
meurs & des talents faifoit éclorre le
principe de la divifion fur les branches mêmes de l'affociation. L'expérience faifoit fentir que la commu-
nauté n'eft bonne que quand il s'agit

de détruire ; mais qu'elle devient pernicieufe, dès qu'il eft queftion de conferver.

Ces efclaves, ces troupeaux qui compofoient le domaine général, en continuant à appartenir à tout le monde, n'auroient appartenu à perfonne. Une diffipation entiere auroit été le fruit de cette efpece d'abandon. Il étoit néceffaire de fixer à qui les uns devoient répondre, & par qui les autres feroient confommés, fans quoi l'acquifition alloit devenir plus funefle par les combats qu'elle ne pouvoit manquer d'occafioner, qu'avantageufe par les commodités qu'elle procuroit. Il fallut donc procéder aux partages, & cette opération en produifit une autre. Après avoir affigné à chacun fa part, il fallut lui en affurer la poffeffion.

Parmi des hommes tous égaux, tous robuftes, emportés, fanguinaires, accoutumés aux armes, il fe feroit élevé des difputes perpétuelles & dangereufes. Il n'étoit pas poffible que le hasard & l'intelligence n'eussent mis une grande inégalité dans les differens lots. Celui qui se seroit cru lésé, auroit voulu se faire justice. L'association formée pour s'emparer du butin, auroit été troublée par la difficulté du partage : & l'on ne dut pas tarder à en voir des exemples.

Ces inconvéniens frapperent les esprits les plus éclairés. Ils chercherent à y trouver un remede. C'étoit un art tout neuf qu'ils créoient. Mais comme c'est presque toujours la science qui égare, & que la vérité n'est jamais si facile à découvrir, que quand elle est éloignée des docteurs, ils virent sur le champ quelle route il falloit prendre.

Ils sentoient qu'une premiere violence étoit incontestablement nécessaire. Ils ne pouvoient pas la désavouer, puisqu'elle seule fondoit tous leurs droits. Mais ils voyoient aussi qu'il falloit en prévenir une seconde qui feroit retombée sur eux. Ils concevoient que l'usurpation primitive

devoit être regardée comme un titre
sacré : mais ils n'appercevoient pas
moins clairement qu'il falloit pros-
crire toute usurpation nouvelle, qui
auroit pu contredire l'ancienne, &
la détruire.

Pour y réussir, ils proposerent de
n'autoriser que les brigandages qui se
feroient en commun, & de punir sé-
vérement ceux qu'on oseroit se permettre en particulier. D'après leurs
insinuations, on statua que la société
auroit droit de tout prendre, mais
que les membres se dessaisiroient de
ce droit, dès qu'ils seroient seuls. On
convint que chacun posséderoit tran-
quillement la part d'hommes, de troupeaux, & ensuite de terres qui lui
feroit échue ; & que quiconque tente-
roit de la lui enlever, seroit déclaré
ennemi public & poursuivi en cette
qualité.

CHAPITRE VI.

Justification de ce qui précede.

CE systême si naturel, si simple, si c'est pourtant un systême, M. le P. de *Montesquieu* ne l'approuve pas; il lui reproche de manquer de raison. Suivant lui, c'est choquer le bon sens que de prêter d'abord aux hommes le desir de se subjuguer les uns les autres. *Cette idée de l'empire & de la domination, dit-il, est si composée, & dépend de tant d'autres idées, que ce ne seroit pas celle que les hommes auroient eue d'abord.* (a)

Ce n'est certainement pas celle qui a dû les frapper dès l'instant de leur existence. Leur premier soin a été sans doute de se pourvoir de nourriture; c'est le plus pressant de tous les besoins, & celui auquel tous les

(a) *Esprit des loix*, liv. 1.

autres cedent (*b*). Mais le second a dû être de chercher à s'en pourvoir sans travail. Or ils n'ont pu y parvenir qu'en s'appropriant le fruit d'un travail étranger. Il est donc naturel qu'ils aient conspiré contre la liberté qui étoit un obstacle à leurs vues, dès qu'ils ont connu cet obstacle. Il est naturel qu'ils aient entrepris de la détruire, dès qu'ils ont cru pouvoir le faire sans risque, & que l'occasion leur en a été offerte par le hasard.

Les premiers conquérants n'ont pas eu dessein, sans doute, de se faire de puissants monarques. Ces hommes encore sauvages, nus, ou tout au plus à demi couverts de peaux de bêtes, ne se proposoient point de remplir la terre du bruit de leurs actions ; ils n'ambitionnoient pas le droit de jouir, dans l'opulence & dans

______

(*b* M. le *président de Montesquieu* n'en fait que la seconde loi naturelle ; c'est évidemment la première, & le fondement de toutes les autres.

la molleſſe , des adulations d'une foule de courtiſans.

Ils ne ſongeoient qu'à mener une vie tranquille & ſans inquiétude, à mettre , entr'eux & le beſoin , un certain nombre d'hommes qui pût les garantir de ſes atteintes. Ils ne ſe faiſoient deſpotes que pour être impunément pareſſeux , & rois, que pour avoir de quoi vivre : ce qui retrécit & ſimplifie beaucoup, comme on voit, l'idée de la domination.

Si ce n'étoit pas celle là qui ſe fût préſentée d'abord, & ſi elle ne l'avoit pas fait de la façon que j'ai décrite, il ſeroit bien impoſſible qu'elle ſe fût préſentée jamais. Si l'idée de la dépendance n'avoit pas été développée par le fait, avant que celle de la liberté fût connue par la réflexion; qui auroit pu ſe reſoudre à ceſſer d'être libre ?

Les animaux les plus domeſtiques ne ſont pas, ſans doute, ſortis eux-mêmes de leurs forêts ; ils ne ſont pas venus offrir à leurs maîtres leurs mamelles, leurs dos ou leurs toisons, & les supplier humblement d'en faire l'usage qui leur seroit le plus avantageux. C'est la violence & la surprise qui les ont arrachés de leurs asyles. Ce sont elles qui les ont relégués dans les prisons où notre avarice les enchaîne. L'homme essuie aujourd'hui à peu près le même sort : il a intérieurement le même amour pour l'indépendance. Peut-on croire qu'il n'en ait pas été privé par les même moyens ?

Presque tous les écrivains, en appuyant le système contraire, se prévalent du goût qui paroît naturel à l'homme pour la recherche de ses pareils. Ils disent que c'est une preuve évidente qu'il est fait pour la société : oui ; mais pour une société libre, sans convention, sans autre motif que le besoin, sans autre lien que la volonté. Celle-là suffisoit aux vues de la nature. C'en étoit assez pour satisfaire le cœur humain.

Mais cette union qui légitime une propriété exclusive, cette confédéra-

tion qui ne s'étend qu'au petit nombre, & dont le but est d'éterniser
l'asservissement de la multitude, est-
elle naturelle ? A t-elle pu jamais être
volontaire ? Elle a dû dès le commencement blesser les intérêts de quelqu'un, puisqu'elle prononçoit une
exclusion. Dès qu'elle donnoit aux
uns, elle restreignoit les prétentions
des autres.

Elle n'a donc été formée qu'entre
ceux qui participoient à ses avantages. Pour amener le reste des hommes à y accéder, il a fallu les y
contraindre : ils y sont entrés comme
faisant partie des biens qu'elle assu-
roit, & non comme membres de l'al-
liance. Ils étoient compris dans le
domaine qu'on partageoit, & n'y
pouvoient avoir de part.

Sans cette clef qui met à découvert
les différents ressorts du pacte social,
il est absolument impossible de rien
comprendre à sa marche. L'idée de la
servitude est bien moins naturelle
encore que celle de la domination.

L'une n'a pu éclorre qu'à la fuite de l'autre. Il a fallu qu'il y eût des maîtres avant des efclaves. Les premiers n'ont pu devoir leurs droits qu'à la violence, & au hafard l'occafion de l'exercer.

Quand ils ont penfé eux-mémes à retrancher par le moyen des loix une partie de leur liberté, c'eft que s'étant emparés de celle d'un grand nombre d'autres hommes, ils en étoient accablés. Ils ont cherché à fe foulager par ce retranchement, comme des voleurs après avoir dépouillé plufieurs paffants de leurs habits, en jettent une partie dans le chemin, pour s'enfuir plus légérement avec le refte.

CHAPITRE VII.

Nouvelle preuve de ce qui précede, tirée de la rigueur des anciennes loix.

SI l'on doutoit encore de l'origine que je donne aux loix, il seroit facile d'achever de se convaincre qu'elle est juste, en examinant les premieres ordonnances légales, dont l'histoire nous ait conservé le souvenir. On voit qu'elles sont toutes d'une sévérité effrayante. La mort étoit le seul châtiment qu'elles prononçassent. Elles n'admettoient point de distinction entre le crime & la foiblesse. Toutes les contraventions se payoient de la vie.

On voit dans la *Genese* une femme veuve condamnée au feu par ses propres parents, pour être devenue grosse, après avoir essayé plusieurs fois inutilement d'obtenir un mari (*a*). Presque toutes les loix de *Moïse* menacent du dernier supplice. Personne n'ignore ce qu'on a dit de celles de *Dracon*, ce fameux législateur des *Athéniens*, à qui on reprochoit d'avoir écrit son code avec du sang. Les antiquités de toutes les nations présentent le même spectacle. On y voit les châtiments poussés jusqu'à la cruauté.

Il est clair que cette extrême rigueur n'a pu venir que de la grossiéreté des hommes qu'on avoit à conduire. Un cheval dressé se gouverne avec une baguette. L'éperon & la bride ne suffisent pas pour le faire obéir avant qu'il soit dompté. De même la société perfectionnée a mille expédients qui préviennent les fautes, ou qui servent de mesure, pour ne pas excéder la proportion quand on les punit. Mais

____

(*a*) Voyez la *Genèse*, chap. 38, ℣. 24.

chez les brigands vainqueurs dont nous avons parlé, la force étoit le seul moyen qu'on pût employer pour les réprimer, puisque c'étoit le seul dont ils connussent l'importance. Il les falloit épouvanter avant que de les éclairer.

Comment persuader aux complices de la première violence, que son succès même étoit une raison pour n'en plus commettre ? Comment les convaincre tous qu'après avoir eu le droit de dépouiller un malheureux agriculteur, leur propre intérêt exigeoit qu'ils se défissent de ce droit auquel seul ils devoient leur aisance ?

Quelques esprits éclairés, comme je l'ai dit, saisirent ces rapports délicats. Ils engagèrent les autres à agir comme s'ils les concevoient. On fit en conséquence des réglemens auxquels tout le monde se soumit, ou parut se soumettre. Ce fut alors que la jouissance étant établie, & la nécessité de fixer les possessions bien fenfible au plus grand nombre, on élut quelques légiflateurs qu'on chargea du foin d'en chercher les moyens.

Ils n'en trouverent point d'autres, que des ordonnances ratifiées par le confentement général de ceux dont elles devoient être la reg'e ; &, pour en affurer la foli.'ité, on employa la terreur à la place de la perfuafion. En attendant que tous les hommes fentiffent l'utilité du frein qu'on leur donnoit, on prit le parti de les intimider, pour les empêcher de le rompre. La vie étant encore pour eux le plus précieux de tous les biens, ce fut d'abord le feul dont on crut devoir menacer de les priver.

Si les fondemens de la fociété s'étoient trouvé pofés par des pafteurs, il eft clair qu'ils n'y auroient pas employé un ciment fi redoutable. Ils en auroient affuré la folidité avec des liens plus flexibles ; ils fe feroient étudiés à l'affermir par des moyens moins rigoureux.

La façon de vivre qu'exige la
nourriture des troupeaux, inspire de
la douceur & de la bonté. Elle ne
donne à ceux qui la suivent, qu'une
grossiéreté apparente. Ils n'éblouif-
sent point les autres hommes, mais
ils les aiment & les servent avec
affection. Ils paroissent déplacés au
milieu du luxe des villes : mais on
sait assez que ce n'est point dans
leur enceinte qu'on apprend à devenir humain.

Il semble que les animaux soient
nos véritables maîtres de morale. La
théorie peut en être mieux développée dans les palais : c'est là qu'on
en discute les principes avec élo-
quence ; mais c'est dans le fond des
campagnes qu'on les pratique. C'est
dans les appartements dorés qu'on
parle souvent du cœur pour faire
briller son esprit : mais c'est auprès
des étables qu'on se livre aux mouvements de l'un, sans prétendre à
la réputation de l'autre : & , tandis
que des raisonneurs délicats décou-

pent, anatomisent élégamment les devoirs de l'homme & les vertus de l'humanité, ce sont des rustres lourds, presque stupides qui les mettent en usage.

En général les peuples pasteurs abhorrent le sang, jusqu'à ce que la guerre soit venue souiller leurs yeux, & endurcir leurs ames. Ils donnent dans l'excès de la mollesse, plutôt que dans celui de la dureté. De toutes les vertus dont ils ont l'habitude, une attention tendre & compatissante est celle qu'ils exercent avec plus de complaisance. Ils n'auroient donc pas établi des loix aveugles & sanguinaires. Ils ne se feroient pas assujettis à des regles impitoyables, dont ils n'auroient pas eu besoin.

Il a fallu pour les rendre nécessaires, que la douceur fût subjuguée par la barbarie. Alors la justice s'éleva sur la terre entre les bras de la rigueur. Elle fit briller un glaive étincelant pour arrêter des hommes

féroces. Ils étoient accoutumés à
faire couler le fang des animaux.
Elle leur montra leur propre fang
prêt à couler. Pour les empêcher de
faire de leurs armes un ufage arbi-
traire, elle leur fit voir un poignard
tout prêt à les percer eux-mêmes.
Par cet afpect terrible, elle procura
du moins à la terre une apparence
de tranquillité.

CHAPITRE VIII.

Effet des loix.

DEPUIS cette époque, l'homme, enchaîné par ses propres inftitutions, vécut enfermé fur la terre comme les troupeaux dans leurs étables. Il ne lui fut plus poffible de faire de mouvements que ceux que les loix lui preferivent. Il ne lui fut permis d'aller chercher fa pâture, que dans les prairies qu'elles lui affignerent. Il n'eut droit de fortir pour s'y rendre, que par la porte qu'elles fe chargerent de lui indiquer.

Dès cet inftant fon exiftence ceffa, pour ainfi dire, de lui appartenir. Ses bras, fes penfées, fa vie, tout fut refferré dans un dépôt commun, dont l'ufage ne fut plus à fa difcrétion. Ses moindres démarches lui furent tracées.

Lorsque cédant à quelque mouvement naturel, il risquoit de blesser l'intérêt général devenu le seul sacré, le seul respectable, il se trouva dans l'impuissance de faire sa volonté. Il se sentit même forcé de suivre une impulsion contraire, comme un malade perclus de ses membres, que le chirurgien retourne malgré ses efforts, & place dans la situation la plus commode pour le panser.

Sans cette manœuvre, il est clair que jamais aucune association n'auroit pu subsister entre les hommes. Les vues particulieres choquant toujours, ou le plus souvent les vues générales; chacun par le droit naturel étant autorisé à ne penser qu'à soi, à sacrifier à son bien-être celui des autres; la force étant la seule raison suffisante pour appuyer les demandes, & la foiblesse la seule incapable de justifier des refus, une guerre éternelle, ou une entiere indifférence auroit été le partage du genre humain.

Voilà les deux inconvénients que les légiflateurs ont craints, & dont leurs inftitutions font en partie le remede. Elles reftreignent, elles anéantiffent pour chaque particulier le domaine fans bornes que la naiffance lui donne. Elles le réduifent à ne jouir que dans autrui. Elles le forcent à marcher dépendamment de fes voifins. Elles ôtent à fes projets, à fes defirs une liberté qui deviendroit abufive : & c'eft par là qu'elles entretiennent le mouvement de cette machine compliquée qu'on appelle *fociété*.

Dans l'état où elles en mettent les membres, ils ne fauroient fe paffer de leur fecours. S'ils vivoient tous féparés, il ne leur en faudroit point : s'ils étoient tous pauvres, même en vivant enfemble, il leur en faudroit peu. S'ils étoient tous riches, il en faudroit davantage, mais moins que dans la pofition finguliere où les placent refpectivement l'inégalité des paffions, & des talents, celle de la richeffe & de l'indigence.

C'eft

C'est sur-tout cette inégalité dont les loix cherchent à balancer les effets, à adoucir les dangers. Elles ne peuvent la faire disparoître. Au contraire même il est de leur essence de l'affermir. Elles font destinées sur-tout à assurer les propriétés. Or comme on peut enlever beaucoup plus à celui qui a, qu'à celui qui n'a pas, elles font évidemment une sauve-garde accordée au riche contre le pauvre.

C'est une chose dure à penser, & pourtant bien démontrée, qu'elles font, en quelque forte, une conspiration contre la plus nombreuse partie du genre humain. C'est contre ceux qui ont le plus grand besoin de leur appui, que font dirigés leurs plus grands efforts. C'est l'opulence qui les dicte, & c'est elle aussi qui en retire les principaux avantages. Ce font des forteresses établies en sa faveur au milieu d'un pays ennemi, où il n'y a qu'elle qui ait des dangers à craindre.

La justice est le desir perpétuel & constant de rendre à chacun ce qui lui appartient: *Juſtitia eſt perpetua & conſtans voluntas jus ſuum cuique tribuendi* (a), diſent les juriſconſultes; mais le pauvre n'a à lui que ſon indigence. Les loix ne peuvent donc pas lui conſerver autre choſe. Elles tendent à mettre l'homme qui poſſede du ſuperflu, à couvert des attaques de celui qui n'a pas le néceſſaire. C'eſt là leur véritable eſprit; & ſi c'eſt un inconvénient, il eſt inſéparable de leur exiſtence.

Les *codes* les plus étendus ſe réduiſent donc au développement de cet unique principe, qu'on doit pour le bien général déroger au droit naturel qui rendoit toutes les poſſeſſions communes, & ſe conformer au droit civil qui les particulariſoit toutes.

(a) *Ulpien* cité dans le *digeſte*, liv. 1, tit. 1.

CHAPITRE IX.

Du droit naturel. Que le véritable droit naturel ne peut pas exister avec la société. Ce que c'est que celui à qui l'on donne ce nom. Division de cet ouvrage.

ON se permet encore au milieu de nos conventions sociales, de re-parler de ce *droit naturel*. On le trouve souvent rappellé dans les livres sa-vants de nos jurisconsultes. Mais il est évident que l'espece de droit qu'on veut bien honorer de ce beau nom, n'est point celui qui le mé-rite. Le prétendu droit naturel qui subsiste parmi nous, est une pro-duction factice, absolument étran-gere à la nature, & due tout entiere à l'art qui lui a donné la naissance.

Il n'existe pas le moindre vestige du premier dans la société. Il est même incompatible avec elle , & l'un emporte nécessairement la destruction de l'autre. L'essence du *droit naturel* est une liberté indéfinie. Celle du *droit social* est la privation entiere de cette premiere liberté. S'il en subsistoit encore la moindre partie après la formation des sociétés, quel pouvoir auroient les loix sur cette partie qui ne leur seroit point soumise ? L'état de la nature n'admet ni juges, ni prohibitions, ni propriétés : si l'indépendance qui le constitue se soutenoit relativement à quelqu'un de ces objets, comment s'y prendroit-on pour prouver la validité des ordonnances qui concernent tous les autres ?

Leur but est d'empêcher que personne ne puisse se soustraire à leur autorité. Elles travaillent à soumettre tous les hommes, de quelque état qu'ils soient, dans quelque occasion que ce soit. Il faut donc qu'elles leur ôtent, sans exception, l'usage de leur volonté. Il faut qu'elles les dépouillent de toute espece de droit qui contrediroit celui qu'elles établissent, qu'elles ne leur laissent aucune issue pour se dérober à l'assujettissement où elles les réduisent.

Si une prison a vingt portes, il ne suffit pas d'en fermer, d'en cadenasser exactement dix-neuf, puisque tous les prisonniers se sauveront par la vingtieme qui resteroit seule ouverte. De même, si la société ou les loix ne s'emparoient d'abord entiérement de toutes les facultés de l'homme, si elles n'anéantissoient sans retour cette indépendance originelle qu'il a reçue de la nature, ce seroit bien en vain qu'on lui intimeroit des ordres ; il resteroit toujours le maître de les éluder, en vertu de cette portion de libre arbitre politique, où nous supposons qu'il se seroit maintenu.

Aussi la premiere opération de la société est-elle de l'en priver sans ressource. Quoi qu'en disent les jurisconsultes, leurs traités du droit naturel font tous des traités de fervitude. Ce font les épitaphes de ce droit, & la terre entiere eft fon tombeau. Il n'y a pas de lieu dans le monde, où l'on ne pût dire en parlant de lui, *hîc jacet.*

A ce droit ainfi effacé, les inftitutions fociales en fubftituent un autre à qui elles font porter le même nom, quoique l'effet en foit directement oppofé. Elles commencent par fupprimer toutes les fortes de pouvoirs qui leur font antérieurs : elles n'en fouffrent point parmi les hommes qui ne dérivent d'elles. Elles agiffent précifément comme ces conquérants qui, en entrant dans une place, caffent les provifions de tous les offrciers qu'ils y trouvent, & leur en rendent de nouvelles en leur nom, s'ils jugent à propos de les conferver.

Celles que les hommes reçoivent aujourd'hui de la fociété, celles qui les maintiennent dans les prérogatives de leur efpece, peuvent toutes fe réduire au droit de propriété ; c'eft celui qu'on eft convenu de nommer droit naturel, qui n'eft véritablement cependant que le droit civil.

C'eft le titre qui rend les poffeffions exclufives. C'eft la loi qui divife le monde en une infinité de petits domaines, & qui donne pour bornes à chacun en particulier, tous ceux qui l'entourent. Elle devient en effet naturelle en quelque maniere, c'eft-à-dire, inféparable de l'état où l'homme fe trouve aujourd'hui : elle eft néceffairement attacheé à fa pofition actuelle.

Ce principe ainfi naturalifé fur la terre, eft devenu la tige de toutes les inftitutions humaines. C'eft à lui que fe rapportent tous les réglements révérés & pratiqués dans la fociété : il s'applique fans exception à toutes les époques de la vie civile & politique, même à celles qui en paroiffent les plus éloignées. Il dirige également la jeuneffe, la caducité, tant des hommes que des états. Il en embraſſe la naiſſance & la mort ; enfin il eſt l'objet & le fondement de toutes les eſpeces de légiſlations.

Maintenant nous allons conſidérer ces raviſſeurs devenus les ſeuls objets dignes de nos regards, les ſeuls êtres pour ainſi dire exiſtants par eux-mêmes, ſous trois points de vue différents.

Nous les ſuivrons, 1°. dans leur relation impérieuſe avec un ſexe que la nature avoit pu deſtiner à l'égalité, mais que la politique livroit néceſſairement à la dépendance.

2°. Nous apprécierons leur autorité ſur les fruits que produiſoient ces unions : nous verrons comment les enfants achetoient par une longue dépendance le droit de recueillir la ſucceſſion de leurs auteurs, comment ils furent réduits à faire long-temps partie de la propriété paternelle, avant que d'en jouir eux-mêmes.

3°. Nous paſſerons à l'adminiſtration intérieure des ménages : nous examinerons à quel titre des étrangers furent appellés pour y remplir les offices les plus laborieux, & comment les fatigues de toute leur vie furent compenfées par la certitude de la fubfiftance qu'on leur affura.

Voilà les trois principaux objets de la légiflation privée, du droit civil, & defquels dérivent peut-être tous les autres. Un empire ne peut être floriffant, & les citoyens heureux, qu'autant que le pouvoir des *maris* fur leurs *femmes*, des *peres* fur leurs *enfants*, des *maîtres* fur leurs *efclaves* eft abfolu, & fait de chaque famille un petit empire, de la foumiffion duquel le chef répond à celui de l'*etat*. Un gouvernement ne peut tendre à fa perfection, qu'en raifon de ce qu'il s'approche de ces principes; il fe dégrade en proportion de ce qu'il s'en éloigne.

Développons-les donc. Faifons voir combien ils font intimement liés avec l'établiffement même de la fociété,

& que toutes les prétendues réformes qu'on a ofé fe permettre depuis, n'ont fait que les corrompre.

Dans un autre ouvrage qui fera le complément de celui-ci, je tâcherai un jour de fuivre ces defpotes privés, chacun dans leur correfpondance avec leurs voifins. J'examinerai comment le befoin donna lieu entr'eux, à des traités, nommés, depuis, *contrats*, *ventes*, *échanges*, *emprunts*. Je démontrerai comment la liberté fe trouva bientôt encore à charge ici pour eux, & troubloit les jouiffances depuis qu'elles étoient fixes, comme elle les avoit inquiétés au moment où elles s'établiffoient, de la naiffance d'une autorité publique, qui foumettant toutes les familles & pefant fur toutes les volontés, montroit à chaque ufurpateur des propriétés convenues, un vengeur puiffant & armé, prêt à fecourir le foible. Enfin, j'expliquerai comment la religion appellée au fecours de la politique vient mettre le comble à l'édi-

fice focial, & achever de le rendre
inébranlable.

J'ofe me flatter qu'alors tout lecteur de bonne foi conviendra qu'il
n'y a point d'autre fecret en politique , pour affurer le repos des
hommes, que l'*unité* de pouvoir en
tout fens, & la réunion de ce pouvoir
unique dans une feule main depuis
la premiere qui régit l'état entier jufqu'aux derniers, dont l'influence eft
bornée par l'enceinte de la famille.

Fin du tome premier.

TABLE

DES CHAPITRES

CONTENUS DANS CE VOLUME.

LIVRE PREMIER.

Des *loix* & de la *justice* en général : de leur origine & de leurs effets.

TABLE.

Fin de la table du tome premier.